高等学校学科创新引智基地资助（B20087）



# 智能网联汽车安全风险与防范对策

芦天亮　徐　点　主编

CPPSUP 中国人民公安大学出版社
全国百佳图书出版单位

**图书在版编目（CIP）数据**

智能网联汽车安全风险与防范对策 / 芦天亮，徐点主编. -- 北京 : 中国人民公安大学出版社，2024. 12.
ISBN 978-7-5653-4899-0

Ⅰ. U463. 67

中国国家版本馆 CIP 数据核字第 20248AD435 号

# 智能网联汽车安全风险与防范对策

芦天亮　徐　点　主编

责任编辑：宿静
责任印制：李铁军

出版发行：中国人民公安大学出版社
地　　址：北京市西城区木樨地南里
邮政编码：100038
经　　销：新华书店
印　　刷：天津嘉恒印务有限公司

版　　次：2024 年 12 月第 1 版
印　　次：2024 年 12 月第 1 次
印　　张：9. 25
开　　本：787 毫米×1092 毫米　1/16
字　　数：112 千字

书　　号：ISBN 978-7-5653-4899-0
定　　价：39. 00 元

网　　址：www. cppsup. com. cn　　www. porclub. com. cn
电子邮箱：zbs@ cppsup. com　　zbs@ cppsu. edu. cn

营销中心电话：010-83903991
读者服务部电话（门市）：010-83903257
警官读者俱乐部电话（网购、邮购）：010-83901775
教材分社电话：010-83903084

# 智能网联汽车安全风险与防范对策

主　　编：芦天亮　徐　点

副 主 编：林　凯　和椿皓

编写成员：张配源　单程昊　陈卓鹏　黄晨曦

张开昕

# 目　录

# 1 引　言

本章先从政策依据、标准建设、示范应用等角度介绍智能网联汽车的发展现状，然后通过一些已经暴露的数据安全问题引出对智能网联汽车个人信息保护与数据安全研究的重要性，最后对国内外针对智能网联汽车数据安全保护的法律法规和相关标准进行简要说明。

## 1.1 智能网联汽车发展现状

信息技术的发展正深刻改变着人们的出行方式，智慧交通已经成为未来交通发展的趋势。在车辆管理难度不断加大和道路基础设施逐步完善的大背景下，车联网的概念被提出并成为未来发展的重要方向。车联网是指通过多种传感器获取车辆本身及其周围环境的状态信息，并利用新一代通信技术将车内网、车际网和车载移动互联网进行融合，实现车对车（Vehicle to Vehicle，V2V）、车对人（Vehicle to People，V2P）、车对云（Vehicle to Network，V2N）、车对基础设施（Vehicle to Infrastructure，V2I）等的相互连接，从而对车辆进行智能化控制，为用户提供安全、舒适、智能、高效的驾驶体验与交通服务，同时实现公共交通的智能化管理，提升交通运行效率。

在车联网产业加速发展的过程中，汽车作为其中的重要组成部分，也正面临着转型升级的新的重大变革。随着传统汽车工业同人工智能、5G 通信、大数据、云计算等信息技术相融合，汽车的智能化程度得到不断提高，汽车行业正呈现电动化、智能化、网联化、共享化的“新四化”发展趋势。车辆不再是独立的个体，而是成为能够与多种设施进行信息交换即车辆和万物互联（Vehicle to Everything，V2X）的大型移动终端。

汽车电动化的起步时间较早，在各国政府推动和扶持下，新能源汽车在市场中所占比重逐年上升。相关数据显示，[①] 2023 年全球新能源汽车销量达到 1465. 3 万辆，同比增长 35. 4%。国内新能源汽车发展势头同样强劲，国家发展和改革委员会数据显示，[②] 在过去的 2023 年，我国新能源汽车产销量分别达到 958. 7 万辆和 949. 5 万辆，同比分别增长 35. 8%和 37. 9%；国内新能源汽车销量占全部汽车销量的 31. 6%，较 2022 年提升 6 个百分点。在国际上，我国新能源汽车产销量占全球比重超过 60%，连续 9 年位居世界第一。

① 金融界 . EVTank：2023 年全球新能源汽车销量达到 1465. 3 万辆　同比增长 35. 4%[EB/OL]. (2024-01-16) [2024-05-11]. https://baijiahao. baidu. com/s?id=17882 05707429796184&wfr=spider&for=pc.

② 人民网 . 国家发改委：我国新能源汽车产销连续 9 年位居全球第一[EB/OL]. (2024-01-18) [2024-05-11]. http://finance. people. com. cn/n1/2024/0118/c1004-40161886. html.

随着汽车电动化产业布局逐渐完善，智能化和网联化成为市场竞争的新赛道。传统车企、造车新势力与科技公司纷纷入局，行业规模不断扩大。自动驾驶、车路协同、智能座舱等关键技术在激烈的竞争与相互协作中快速迭代更新并落地应用，产业链的逐渐成熟降低了智能网联汽车的装配成本，使搭载智能网联设备不再是高端汽车所特有。同时，美国、欧盟、日本等发达国家均将智能网联汽车视为战略性新兴产业，通过强制立法、制定政策等方式在国家层面推动引领产业发展。据统计，[①] 2021 年全球智能网联汽车销量达到 5830 万辆，预计到 2025 年可达到 7850 万辆，渗透率将达到 59.4%。[②] 国内的智能网联汽车产业也在蓬勃发展，下面分别从政策依据、标准建设、示范应用、市场完善、技术更新五个方面简述我国智能网联汽车产业的现状。

### 1.1.1 政策依据

在政策依据方面，2015 年 5 月，国务院印发的《中国制造 2025》中明确提出，[③] 要推动智能交通工具等产品研发和产业化。同年 7 月，国务院出台《国务院关于积极推进“互联网+”行动的指

① 黄文玉．智能网联汽车深度调研 预计到 2025 年全球智能网联汽车销量达到 7850 万辆[EB/OL].（2023-09-21）[2024-05-11]. https://www.chinairn.com/news/20230921/145905289.shtml.

② 汽车观察 AUTO. 联通智网科技：未来汽车将浸泡在信息和通信的海洋里[EB/OL].（2024-05-08）[2024-05-11]. https://www.163.com/dy/article/J1MFE22J0552C82R.html.

③ 中华人民共和国国务院．国务院关于印发《中国制造 2025》的通知：国发〔2015〕28 号[EB/OL].（2015-05-19）[2024-05-11]. https://www.gov.cn/zhengce/content/2015-05/19/content_9784.htm.

导意见》,[①] 提出加快车联网标准化工作，形成更加完善的交通运输感知体系。2016 年 7 月，国家发展和改革委员会与交通运输部联合印发《推进“互联网+”便捷交通　促进智能交通发展的实施方案》,[②] 强调要充分认识推进“互联网+”便捷交通、促进智能交通发展的重要意义，全面推进交通和互联网更加广泛、更深层次的融合；有效发挥政府投资的引领示范和杠杆撬动作用，完善法律法规，鼓励规范新业态、新模式发展。2018 年 12 月，工业和信息化部发布《车联网（智能网联汽车）产业发展行动计划》,[③] 从关键技术、标准体系、基础设施和应用服务等方面明确了发展目标，以网络通信技术、电子信息技术和汽车制造技术融合为发展主线，推动形成深度融合、创新活跃、安全可信、竞争力强的车联网产业新生态。

2020 年 2 月，国家发展和改革委员会等 11 个部委联合印发《智能汽车创新发展战略》,[④] 在分析智能汽车发展态势的基础上提出了“构建协同开放的智能汽车技术创新体系”“构建跨界融合的智能汽

① 中华人民共和国国务院．国务院关于积极推进“互联网+”行动的指导意见：国发〔2015〕40 号[EB/OL].（2015-07-04）[2024-05-11]. https://www.gov.cn/zhengce/content/2015-07/04/content_10002.htm.

② 国家发展和改革委员会，交通运输部．推进“互联网+”便捷交通 促进智能交通发展的实施方案[EB/OL].（2016-07-30）[2024-05-11]. https://www.gov.cn/xinwen/2016-08/05/5097842/files/4a6788763ac24835b6972caa4c13c51f.pdf.

③ 工业和信息化部．工业和信息化部关于印发《车联网（智能网联汽车）产业发展行动计划》的通知[EB/OL].（2018-12-27）[2024-07-21]. https://www.miit.gov.cn/jgsj/kjs/wjfb/art/2020/art_ab896e8e5ed043c3a89167248078909d.html.

④ 国家发展和改革委员会等．关于印发《智能汽车创新发展战略》的通知（发改产业〔2020〕202 号）[EB/OL].（2020-02-24）[2024-07-21]. https://www.ndrc.gov.cn/xxgk/zcfb/tz/202002/t20200224_1221077.html.

车产业生态体系”“构建先进完备的智能汽车基础设施体系”“构建系统完善的智能汽车法规标准体系”“构建科学规范的智能汽车产品监管体系”“构建全面高效的智能汽车网络安全体系”六项主要任务及相应的保障措施。该战略的战略愿景中提到，到 2025 年，中国标准智能汽车的技术创新、产业生态、基础设施、法规标准、产品监管和网络安全体系基本形成；展望 2035 年至 2050 年，中国标准智能汽车体系全面建成、更加完善。安全、高效、绿色、文明的智能汽车强国愿景逐步实现，智能汽车充分满足人民日益增长的美好生活需要。

2021 年 3 月发布的《中华人民共和国国民经济和社会发展第十四个五年规划和 2035 年远景目标纲要》① 将新能源汽车列为战略性新兴产业，明确要积极稳妥发展工业互联网和车联网。2023 年 11 月，工业和信息化部等四部委联合发布《关于开展智能网联汽车准入和上路通行试点工作的通知》,② 引导智能网联汽车生产企业和使用主体加强能力建设，在保障安全的前提下，促进智能网联汽车产品的功能、性能提升和产业生态的迭代优化，推动智能网联汽车产业高质量发展。

随着多个省市积极开展智能网联汽车应用试点工作，相应的地

---

① 中华人民共和国中央人民政府．中华人民共和国国民经济和社会发展第十四个五年规划和 2035 年远景目标纲要[EB/OL].(2021-03-13)[2024-07-21]. https://www.gov.cn/xinwen/2021-03/13/content_5592681.htm.

② 工业和信息化部等．四部委关于开展智能网联汽车准入和上路通行试点工作的通知[EB/OL].(2023-11-17)[2024-07-21]. https://ythxxfb.miit.gov.cn/ythzxfwpt/hlwmh/tzgg/xzxk/clsczr/art/2023/art_ae314a1df30e4ba1a49bd4ffa10186f6.html.

方政策也陆续出台。例如，2021 年 4 月，北京市经济和信息化局发布《北京市智能网联汽车政策先行区总体实施方案》;① 2022 年 1 月，重庆市政府发布《重庆市智能网联汽车道路测试与应用管理试行办法》;② 2022 年 12 月，广东省工业和信息化厅、公安厅、交通运输厅联合发布《广东省智能网联汽车道路测试与示范应用管理办法（试行）》。③

### 1.1.2 标准建设

在标准建设方面，2017 年 12 月，工业和信息化部、国家标准化管理委员会联合发布了《国家车联网产业标准体系建设指南（智能网联汽车）》,④ 提出到 2025 年系统形成能够支撑高级别自动驾驶的智能网联汽车标准体系，制定 100 项以上智能网联汽车相关标准，促进智能网联汽车“智能化+网联化”融合发展。之后，《国家车联网产业标准体系建设指南（车辆智能管理）》《国家车联网

---

① 北京市经济和信息化局．北京市智能网联汽车政策先行区总体实施方案[EB/OL].（2021-04-19）[2024-07-21]. https://open.beijing.gov.cn/html/zcfg/2022/1/1642579459638.html.

② 重庆市人民政府．重庆市智能网联汽车道路测试与应用管理试行办法[EB/OL].（2022-01-29）[2024-07-21]. https://www.cq.gov.cn/zwgk/zfxxgkml/szfwj/zfgz/zfgz/202201/t20220129_10364111.html.

③ 广东省工业和信息化厅，广东省公安厅，广东省交通运输厅．广东省智能网联汽车道路测试与示范应用管理办法（试行）[EB/OL].（2022-12-02）[2024-07-21]. https://gdii.gd.gov.cn/attachment/0/508/508389/4058430.pdf.

④ 工业和信息化部，国家标准化管理委员会．国家车联网产业标准体系建设指南（智能网联汽车）[EB/OL].（2017-12-27）[2024-05-11]. https://www.miit.gov.cn/cms_files/filemanager/oldfile/miit/n1146295/n1652858/n1652930/n3757016/c5996021/part/5996064.pdf.

产业标准体系建设指南（智能交通相关）》等文件陆续发布，用于指导相关标准建设。

2023 年 7 月，为顺应智能网联汽车行业发展的新需求、新趋势，工业和信息化部、国家标准化管理委员会联合修订形成《国家车联网产业标准体系建设指南（智能网联汽车）》（2023 版）。[①] 该指南将智能网联汽车标准体系框架分成了“基础”、“通用规范”和“产品与技术应用”三大部分，划分了三层共 23 个三级分类，覆盖了网络安全、数据安全、信息感知、自动驾驶等关键环节，图 1-1 列举了部分三级分类类别。

该指南提到，到 2030 年，全面形成能够支撑实现单车智能和网联赋能协同发展的智能网联汽车标准体系。制修订 140 项以上智能网联汽车相关标准并建立实施效果评估和动态完善机制，以智能网联汽车为核心促进“车—路—云”协同发展。

① 工业和信息化部，国家标准化管理委员会. 国家车联网产业标准体系建设指南（智能网联汽车）(2023 版)［EB/OL］.(2023-07-18)［2024-05-11］. https://www.gov.cn/zhengce/zhengceku/202307/P020230727459713380334.pdf.

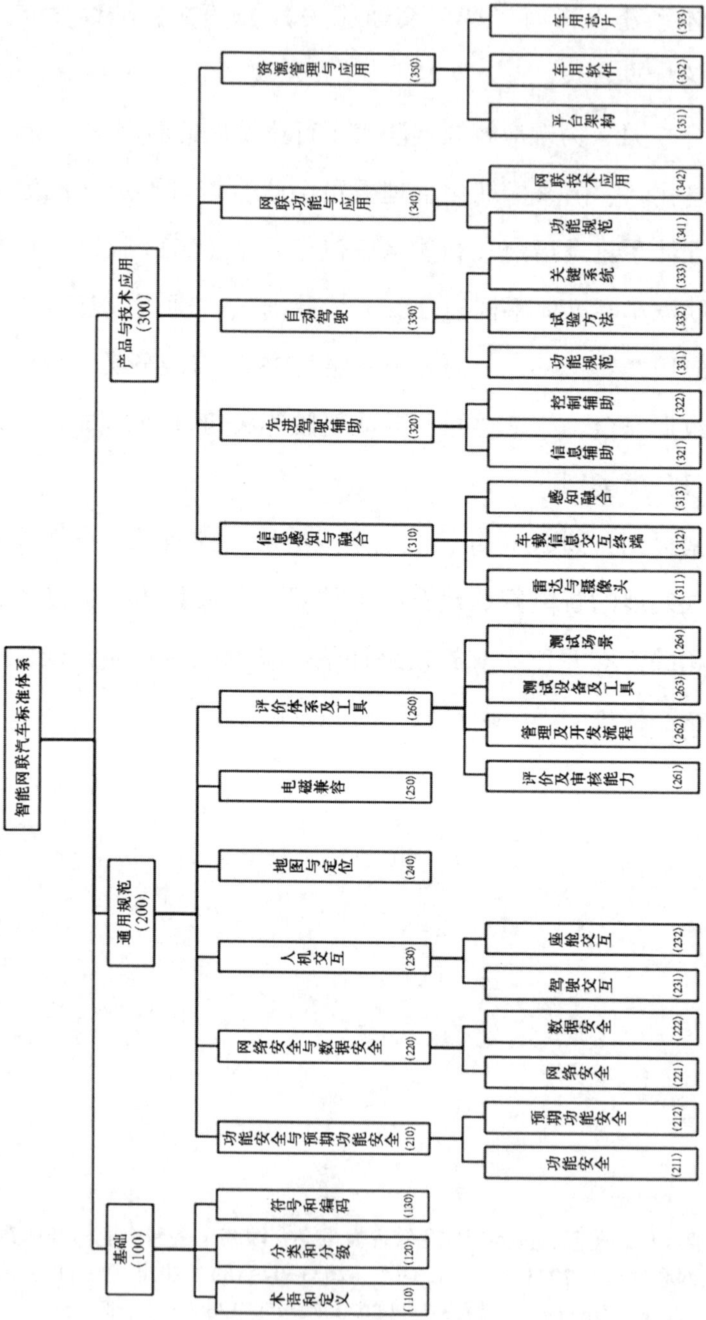


图1-1　智能网联汽车标准体系框架

### 1.1.3　示范应用

在示范应用方面，国家有关部门积极推动智能网联汽车应用试点工作。截至2023年底，全国共建设包含北京、上海、武汉等地在内的17个国家级测试示范区、7个车联网先导区、16个智慧城市与智能网联汽车协同发展试点城市，开放测试示范道路2.2万多千米，涵盖了自动驾驶出租车、无人配送、干线物流等多种应用场景。[①] 2024年1月，工业和信息化部、公安部、自然资源部、住房和城乡建设部、交通运输部联合印发《关于开展智能网联汽车"车路云一体化"应用试点工作的通知》，[②] 进一步推动"车路云一体化"协同发展从示范应用走向商业化推广。

### 1.1.4　市场完善

在市场方面，"新四化"背景下诞生的一大批造车新势力在智能化、网联化布局上更为完善，传统燃油车企加速转型升级，华为、小米等互联网企业也通过与车企合作入局造车。2023年上半年，国内具备组合驾驶辅助功能的乘用车新车销量占比达到42.4%，辅助

---

① 工业和信息化部装备工业一司．《关于开展智能网联汽车"车路云一体化"应用试点工作的通知》解读[EB/OL].（2024-01-17）[2024-05-11]. https://www.miit.gov.cn/jgsj/zbys/qcgy/art/2024/art_4c6128ba3e544d5c900de80dd429c82e.html.

② 工业和信息化部，公安部，自然资源部，住房和城乡建设部，交通运输部．关于开展智能网联汽车"车路云一体化"应用试点工作的通知[EB/OL].（2024-01-19）[2024-05-11]. https://www.gov.cn/zhengce/zhengceku/202401/content_6926711.htm.

驾驶功能车型广泛应用。[①] 预计到 2025 年，我国智能网联汽车产业规模将突破 5000 亿元。[②] 与此同时，国产汽车出口份额持续增长，中国车企的快速发展不断吸引国际老牌车企的投资与关注。

### 1.1.5 技术更新

在技术方面，我国智能网联汽车技术水平取得长足进步，毫米波雷达、高算力计算芯片、自动驾驶算法等软硬件设施取得自主突破，部分领域处于全球领先地位。当前，智能网联汽车供应链参与主体众多，包括汽车厂商、信息服务提供商、自动驾驶提供商、通信运营商等。在国家政策引领下，各参与主体就其专业领域不断研发新技术，积极贡献智能网联汽车的“中国方案”，力争在车辆智能化、网联化的赛道上扭转我国在传统汽车工业上的劣势，实现换道超车。

## 1.2 智能网联汽车数据安全保护的重要性

智能化、网联化的发展趋势使车辆功能更加丰富，但也带来了一些新的安全问题。计算机技术、通信技术等领域存在的安全风险

---

① 乘联会 . 关于智能网联汽车发展现状及其开展准入和上路通行试点相关政策的分析[EB/OL].（2024－01－10）[2024－05－11]. https://mp. weixin. qq. com/s/22JbBncUEpJ2JsbxQA0APA.

② 汽车之家研究院 . 2023 中国智能汽车发展趋势洞察[EB/OL].（2023－05－18）[2024－05－11]. https://mp. weixin. qq. com/s? __biz = Mzg5MjEzNzg0OQ = = &mid = 2247549811&idx = 2&sn = b8a65dd673c6a0fbf0b30cdfe9a2c762.

可能被引入车机系统中，而智能网联汽车中存在的大量的数据接口也为攻击者提供了丰富的入侵途径。随着智能化、网联化的程度越来越高，车辆采集、加工和存储的数据越来越多，其中不乏环境数据、汽车运行数据、用户数据等敏感数据。若这些数据遭到篡改或窃取，会造成个人信息泄露、危害驾乘人员的生命财产安全甚至是国家安全等严重后果。

近年来，多起车辆信息安全事件的发生引发了社会的广泛关注。2017 年，一位名为 Jason Hughes 的黑客逆向获取了特斯拉 Model S 中的虚拟专用网络（VPN），并通过 VPN 成功连接到特斯拉的服务器“Mothership”。通过研究，该黑客发现，只要修改数据包中的车辆识别码，就可以伪装成另一辆车，从而获取其他车辆的信息并实现远程控制。① 2020 年，360 Sky-Go 团队在奔驰汽车的车载娱乐主机、车载通信、车联网通信协议及后端服务等模块中共发现了 19 个安全漏洞，并对这些漏洞进行了攻击验证，② 预计会有超过 200 万辆不同型号的奔驰汽车受到影响。2023 年，一支安全研究团队在几个月的时间内入侵了十几家不同汽车厂商的远程信息处理系统、汽车 API 以及相应的基础设施，并在其中发现了大量漏洞，这些漏洞可能会

① Fred Lambert. The gig tesla hack: a hacker gained control over the entire fleet, but fortunately he's a good guy[EB/OL].(2020-08-27)[2024-11-02]. https://electrek.co/2020/08/27/tesla-hack-control-over-entire-fleet/.

② 360 Sky-Go group. Security Research Report on Mercedes-Benz Cars [R/OL]. [2024-05-11.] https://skygo.360.net/archive/Security-Research-Report-on-Mercedes-Benz-Cars-en.pdf.

影响车辆的驾驶系统，并导致个人隐私信息的泄露。[①] 当前，智能网联汽车中的软件代码越来越多，其中隐藏的安全漏洞也将随之增加。截至2023年底，中汽数据有限公司车联网产品安全漏洞专业库累计收录汽车安全漏洞数据超过3000条，影响车辆规模预估达千万余辆。[②]

此外，一些车企还存在未公开信息收集规则、未经用户同意收集使用个人信息、未提供关闭信息收集选项以及违反必要原则过度收集信息等问题，引发了群众对个人隐私信息泄露的担忧。并且，大量而复杂的供应链，也进一步增加了对全流程安全管控的难度。上游安全有限公司（Upstream Security）发布的《2024年全球汽车网络安全报告》[③] 显示，2019年至2023年，公开披露的汽车信息安全事件增长超过50%，仅2023年就高达295起。在智能网联汽车产业加快发展的大趋势下，如何切实保护智能网联汽车中的个人信息与数据安全，已然成为行业重点关注和亟须解决的问题之一。

---

① Sam Curry. Web Hackers vs. The Auto Industry: Critical Vulnerabilities in Ferrari, BMW, Rolls Royce, Porsche and More[EB/OL]. (2023-01-03) [2024-05-11]. https://samcurry.net/web-hackers-vs-the-auto-industry.

② 张巧，李翠萍. 智能网联汽车信息安全风险及应对举措［J］. 中国信息安全，2024（02）：30-32.

③ Upstream Security. 2024 global automotive cybersecurity report[R/OL]. [2024-05-11]. https://upstream.auto/reports/global-automotive-cybersecurity-report.

## 1.3 智能网联汽车数据安全法律法规

### 1.3.1 国内相关法律法规

我国高度重视个人信息保护与数据安全问题，积极从多个方面入手完善安全保护制度。在法律层面，2016 年 11 月《中华人民共和国网络安全法》正式颁布，该法是国内首部全面规范网络空间安全管理方面问题的基础性法律。对于个人信息的保护，该法明确规定服务提供方在收集用户信息前，应向用户明示并取得同意，且不得收集与服务无关的个人信息；要求采用必要措施防止信息泄露、损毁、丢失，不得非法交易个人信息。对于数据安全的防护，该法提到要维护网络数据的完整性、保密性和可用性，采用数据分类、重要数据备份、加密等措施防止网络数据泄露或被窃取、篡改；要求任何个人和组织不得从事窃取网络数据的活动，不得提供窃取网络数据的工具。此外，该法第三十七条还对个人信息和数据的跨境流动作出限制，规定在境内收集和产生的个人信息和重要数据应当在境内存储，确需向境外提供的，应按照相关规定进行安全评估。

2021 年 6 月出台的《中华人民共和国数据安全法》专门针对数据开发利用和安全防护进行了规范说明，在鼓励与支持数据在各领域创新应用的同时保障数据安全。该法规定了国家建立数据分类分级保护制度，各地区、各部门应依照制度确定重要数据并加强对重要数据的保护。同时，该法还在数据安全风险评估、应急处置、保护义务等方面作出明确规定。2021 年 8 月，《中华人民共和国个人信息保护法》审议通过。该法就个人信息处理规则、个人信息跨境提供规则、个人在个人信息处理活动中的权利、个人信息处理者的义务以及履行个人信息保护职责的部门等方面作出了明确说明，与《中华人民共和国网络安全法》《中华人民共和国数据安全法》等现有法律衔接，进一步细化了个人信息保护制度。

此外，国务院于 2021 年 4 月召开的第 133 次常务会议审议通过了《关键信息基础设施安全保护条例》。该条例明确了关键信息基础设施运营者的主体责任，提出运营者应建立专门的安全管理机构，履行个人信息和数据安全保护责任，建立健全个人信息和数据安全保护制度。

在这些上位法的指引下，有关部门针对智能网联汽车领域陆续出台了一系列指导文件。2021 年 8 月，国家互联网信息办公室、国家发展和改革委员会、工业和信息化部、公安部、交通运输部联合发布《汽车数据安全管理若干规定（试行）》,[①] 倡导“车内处理”“默认不收集”“精度范围适用”“脱敏处理”等数据处理原则，明确了处理个人信息特别是敏感个人信息的具体要求以及处理重要数

① 国家互联网信息办公室，国家发展和改革委员会，工业和信息化部，公安部，交通运输部．汽车数据安全管理若干规定（试行）［EB/OL］.（2021-08-16）［2024-05-11］. https://www.gov.cn/zhengce/zhengceku/2021-09/12/content_5640023.htm.

据的具体制度。工业和信息化部于2021年7月发布了《工业和信息化部关于加强智能网联汽车生产企业及产品准入管理的意见》,[①] 要求相关企业加强对数据安全、网络安全、软件升级等方面的管理能力，保证产品质量和生产一致性。2021年9月，工业和信息化部在《工业和信息化部关于加强车联网网络安全和数据安全工作的通知》[②] 中对智能网联汽车安全保护、车联网网络安全防护、车联网服务平台安全防护以及数据安全保护作出了具体要求，进一步完善了车联网安全保障体系。

此外，部分省市也相继开展地方性法规的制定工作。2022年6月，深圳市出台了国内首部智能网联汽车管理法规《深圳经济特区智能网联汽车管理条例》,[③] 用于规范深圳经济特区范围内智能网联汽车的道路测试和示范应用、准入和登记、使用管理等相关活动。该条例的第六章对网络安全和数据保护提出了全面而严格的要求，涵盖了从数据收集到处理、存储、传输的各个环节，明确了相关部门、组织和企业应当承担的责任，重点保障个人信息与重要数据的安全，并对数据跨境传输及网络安全事件的响应作

① 工业和信息化部．工业和信息化部关于加强智能网联汽车生产企业及产品准入管理的意见[ED/OL].(2021-08-12) [2024-05-11]. https://www.miit.gov.cn/zwgk/zcwj/wjfb/yj/art/2021/art_bf9a399907d94b8c9a c9f79f2045fe14.html.

② 工业和信息化部．工业和信息化部关于加强车联网网络安全和数据安全工作的通知[EB/OL].(2021-09-16) [2024-05-11]. https://www.miit.gov.cn/zwgk/zcwj/wjfb/tz/art/2021/art_ba43080de41242e4ab6d6d5fa3218ff9.html.

③ 深圳市人民代表大会常务委员会．深圳市第七届人民代表大会常务委员会公告（第五十五号）深圳经济特区智能网联汽车管理条例[EB/OL].(2022-06-30) [2024-07-21]. https://www.sz.gov.cn/zfgb/2022/gb1250/content/post_9967816.html.

出了明确规定。

2024 年 4 月，武汉市进行了对《武汉市智能网联汽车发展促进条例（草案）》的公开意见征求。① 该条例第三十条规定，智能网联汽车相关主体应当依法建立全流程数据安全和个人信息保护制度，采取技术措施及其他必要措施，保障数据和个人信息安全；智能网联汽车收集与产生的重要数据和个人信息，应当依法在境内存储和使用，确需向境外提供的须依法进行评估；开展数据处理活动时应加强风险监测，发现数据存在安全缺陷、漏洞等风险时应立即处置并向用户和主管部门报告。2024 年 6 月，北京市经济和信息化局发布了《北京市自动驾驶汽车条例（征求意见稿）》，② 其中第三十三条对数据、个人信息安全作出了规定，包括开展数据分类分级保护和数据安全风险评估工作，重点加强重要数据和个人用户数据安全管理，不得非法采集和处理信息，按照国家有关规定执行数据跨境传输活动等内容。

### 1.3.2 国外相关法律法规

面对日益严峻的智能网联汽车数据安全形势，多个国家和地区均通过制定相关的法律法规来设置严格的数据保护规范，明确个人

① 武汉市人大常委会办公厅．关于征求《武汉市智能网联汽车发展促进条例（草案）》修改意见的公告［EB/OL］.（2024－04－30）［2024－09－14］. http://www.whrd.gov.cn/html/rdlz/lfgz/lfzqyj/zzjx/2024/0430/25105.html.

② 北京市经济和信息化局．关于对《北京市自动驾驶汽车条例（征求意见稿）》公开征集意见的公告［EB/OL］.（2024－06－30）［2024－09－14］. https://www.beijing.gov.cn/hudong/gfxwjzj/zjxx/202406/t20240630_3733376.html.

信息的收集和使用原则，通过各种手段加强对数据收集、存储、传输及使用等全过程的监管和治理。①

2020年，美国交通部发布了《确保美国在自动驾驶汽车技术中的领先地位：自动驾驶汽车4.0》，这是美国关于自动驾驶汽车出台的第四版指导文件，其中重点强调了网络安全、隐私安全和数据安全。2024年6月，美国发布了《2024年美国隐私权法案（草案）》，要求企业为个人提供“选择退出”机制，规定个人有权拒绝企业对其进行信息采集与处理，并对个人数据的跨境流动进行限制。

欧盟于2016年通过《通用数据保护条例》，用于一般环境下的公民隐私安全保护。该条例详细规定了用户对个人隐私数据享有的权利，严格限制了企业收集与处理用户个人信息的权限，并设置了严厉的处罚措施。在自动驾驶领域，该条例要求对乘客信息和行驶数据进行加密保护，当数据泄露时及时报告。2021年，欧洲数据保护委员会（EDPB）发布了《车联网个人数据保护指南》，指出了车联网面临的个人数据保护风险，对智能网联汽车应提供的一般性、基本性的保护规则进行了规定。要求个人数据本地化、匿名化处理，保障用户对其个人数据的控制。

联合国世界车辆法规协调论坛（UN/WP29）于2020年6月发布《关于网络安全和网络安全管理系统车辆认证的统一规定》

① 吴海燕，陈朴，陈亚亮，等．智能网联汽车数据安全国内外治理机制及政策研究［J］．电信快报，2022（09）：27-33.

(R155)[①] 和《关于在软件更新和软件更新管理系统方面批准车辆的统一规定》(R156)[②]。R155 主要包括网络安全管理体系（Cyber Security Management System, CSMS）和车辆型式认证（Vehicle Type Approval, VTA）两部分。CSMS 是对车辆制造商的审查，要求车辆制造商在车辆全生命周期的各个阶段均具备相应的网络安全管理流程，制定能够有效监控、检测和响应网络风险的流程措施。VTA 则对具体车型进行审批，检查 CSMS 是否在特定车型上生效，保证能有效防护特定车型面临的安全风险。R156 主要包括软件更新管理体系(Software Update Management System, SUMS）和 VTA 两部分。SUMS 要求车辆制造商能够评估、识别和记录软件更新是否会影响车辆安全，是否会增加或替换车辆现有的功能，并有能力解决更新中可能存在的问题。VTA 要求每个软件版本具有唯一的软件识别号（Regulation X Software Identification Number, RXSWIN)，规定在执行更新前，更新程序应明确告知用户更新信息，确保软件更新包的真实性和完整性。对于支持空中下载技术（Over-the-Air Technology, OTA）的车辆，还要求在更新中断时能恢复到之前的软件版本或具备安全模式，且仅在车辆能源充足时进行更新。

---

① UNECE. (GRVA) Proposals for interpretation documents for UN regulation No. 155 (Cyber security and cyber security management system) [R]. Geneva: UNECE, 2021.

② UNECE. (GRVA) Proposals for interpretation documents for UN regulation No. 156 (Software update and software update management system) [R]. Geneva: UNECE, 2021.

## 1.4 智能网联汽车数据安全标准

### 1.4.1 国内相关标准

在标准制定上，我国智能网联汽车数据安全标准化工作整体取得积极进展。2022 年 2 月，工业和信息化部在现有政策的基础上编制了《车联网网络安全和数据安全标准体系建设指南》，[①] 用于指导相关标准的编制。该指南将标准体系框架划分成六个部分，分别是总体与基础共性、终端与设施网络安全、网联通信安全、数据安全、应用服务安全以及安全保障与支撑。其中，数据安全部分主要包括通用要求、分类分级、出境安全、个人信息保护和应用数据安全五类标准，为数据安全标准的制定提供了具体方向和分类依据。

2021 年 10 月，国家市场监督管理总局、国家标准化管理委员会联合发布了《电动汽车远程服务与管理系统信息安全技术要求及试验方法》（GB/T 40855—2021）、《车载信息交互系统信息安全技术要求及试验方法》（GB/T 40856—2021）、《汽车网关信息安全技术要求及试验方法》（GB/T 40857—2021）和《汽车信息安全通用技术要求》（GB/T 40861—2021）四项汽车行业在信息安全领域的首

① 工业和信息化部．车联网网络安全和数据安全标准体系建设指南［EB/OL］.（2022-02-25）［2024-05-11］. https://www.gov.cn/zhengce/zhengceku/2022-03/07/5677676/files/86bf96e577cb4af7bd8c2fea745d63e1.pdf.

批基础性国家标准。[①] 其中，GB/T 40861—2021 主要起到指导作用，从汽车信息安全的风险、危害及诱因入手，结合系统性防御策略，从保护对象的真实性、保密性、完整性、可用性、访问可控性、抗抵赖、可核查性、可预防性八个维度明确了通用技术要求，不仅对整车及零部件信息安全开发提出相应要求，也为汽车信息安全事故信息采集和处置提供有力保障；GB/T 40855—2021、GB/T 40856—2021 和 GB/T 40857—2021 分别为电动汽车远程服务与管理系统、车载信息交互系统和汽车网关设立了信息安全与数据管理规范，规定了在数据传输、存储及处理过程中的安全防护措施。

2022 年 10 月发布的《信息安全技术　汽车数据处理安全要求》(GB/T 41871—2022)[②] 进一步针对汽车在数据处理过程中的安全需求提出了系统化的技术规范，从采集、传输、存储、使用、共享与第三方服务、销毁以及异常检测与应急响应等方面确保数据在全生命周期中的安全性，保障用户隐私和数据的合法合规使用。

2024 年 3 月，《数据安全技术　数据分类分级规则》（GB/T 43697—2024)[③] 发布，该标准规定了数据分类分级的原则、框架、方法和流程，并给出了重要数据识别指南。这一标准可适用于各行

---

① 人民日报海外版．汽车信息安全领域首批四项基础性国家标准发布——确保消费者数据隐私更安全[EB/OL].（2021-10-19）[2024-09-06]. https://www.gov.cn/xinwen/2021-10/19/content_5643543.htm.

② GB/T 41871—2022，信息安全技术 汽车数据处理安全要求［S］．北京：中国标准出版社，2022.

③ GB/T 43697—2024，数据安全技术　数据分类分级规则［S］．北京：中国标准出版社，2024.

业各领域的数据分类分级工作，也可为智能网联汽车中的数据安全分类分级保护规范提供重要参考。

2024 年 6 月，自然资源部开展了《智能网联汽车时空数据传感系统安全基本要求（征求意见稿）》和《智能网联汽车时空数据安全处理基本要求（征求意见稿）》两项强制性国家标准的意见征求工作。[①]《智能网联汽车时空数据传感系统安全基本要求（征求意见稿）》对时空数据传感器及传感系统作出了规定，要求传感器应具备独立的、可检测的关闭功能，传感系统应具备地理信息保密处理功能，并应符合国家认定的地理信息保密处理技术要求。同时，提出了数据采集、存储和向车外传输等方面的功能要求。《智能网联汽车时空数据安全处理基本要求（征求意见稿）》对时空数据进行了分类，包括位置类、点云类、影像类、惯导类和构图类，并对不同类型数据的存储要求（如存储数据类型、存储里程等）和传输要求（如传输数据类型、传输目的地、传输里程等）作了详细规定。这两项标准规范了智能网联汽车时空数据的获取与处理活动，对保障国家地理信息安全、促进智能网联汽车产业的健康发展具有重要意义。

2024 年 8 月，我国首批智能网联汽车强制性国家标准发布，包括《汽车整车信息安全技术要求》（GB 44495—2024）[②]、《汽车软件

---

① 自然资源部．自然资源部关于公开征求《智能网联汽车时空数据传感系统安全基本要求（征求意见稿）》等 2 项强制性国家标准意见的公告[EB/OL].（2024-06-25）[2024-09-06]. http://gi. m. mnr. gov. cn/202406/t20240628_2849985. html.

② GB 44495—2024，汽车整车信息安全技术要求［S］．北京：中国标准出版社，2024.

升级通用技术要求》（GB 44496—2024）[①] 以及《智能网联汽车 自动驾驶数据记录系统》（GB 44497—2024）[②]，并将于 2026 年 1 月 1 日正式实施。

GB 44495—2024 规定了汽车信息安全管理要求、信息安全基本要求、信息安全技术要求及同一型式判定，描述了相应的检查与试验方法，适用于 M 类、N 类及至少装有 1 个电子控制单元的 O 类车辆。该标准做到了与 UN/WP29 R155 的整体协调，在技术要求上涵盖了外部连接安全、通信安全、软件升级安全和数据安全等方面，为车辆制造商进行汽车信息安全的建设提供了清晰的目标和规范化的框架。

GB 44496—2024 规定了汽车软件升级管理体系要求、车辆要求、同一型式判定及机动车产品使用说明书，描述了相应的试验方法，适用于具备软件升级功能的 M 类、N 类和 O 类车辆。该标准从一般要求、过程要求、文件和记录要求、安全保障要求和在线升级的附加要求六个方面对软件升级管理体系要求进行了具体说明，并将车辆要求分为一般要求和在线升级的附加要求两个方面。该标准的实施将为车辆提供更规范化的软件升级流程，避免因软件升级问题导致的车辆故障。

GB 44497—2024 规定了智能网联汽车自动驾驶数据记录系统的

① GB 44496—2024，汽车软件升级通用技术要求［S］. 北京：中国标准出版社，2024.

② GB 44497—2024，智能网联汽车 自动驾驶数据记录系统［S］. 北京：中国标准出版社，2024.

技术要求、试验方法、同一型式判定，适用于M类和N类车辆配备的自动驾驶数据记录系统。该标准中的技术要求对数据记录、数据存储和读取、信息安全、耐撞性能、环境评价性等若干方面进行了统一要求，并提供了自动驾驶数据记录系统导出文件格式，为事故责任认定及原因分析提供技术支撑。

与三项强制国家标准同时发布的，还有推荐性国家标准《汽车数据通用要求》（GB/T 44464—2024）。① 该标准规定了汽车产品在研发设计及生产制造过程中产生和收集的数据的一般要求、个人信息保护要求、重要数据保护要求、审核评估及试验要求。明确了个人信息及重要数据的处理方法，包括个人信息的匿名化处理要求及相应的试验方法，并提出了汽车数据分类分级的参考依据。这一标准的实施为汽车数据的安全管理和合规处理提供了重要的指导与参考。针对车辆与外界进行信息交换的特点，中国通信标准化协会同有关机构以及企业合作制定了多项通信行业标准。例如，《基于LTE的车联网通信安全技术要求》（YD/T 3594—2019）② 规定了LTE车联网通信的总体技术要求、接口安全要求和安全过程；《车联网信息服务　用户个人信息保护要求》（YD/T 3746—2020）③ 规定了车联网信息服务用户个人信息保护的信息内容分类、敏感性分级和分级

---

① GB/T 44464—2024，汽车数据通用要求［S］. 北京：中国标准出版社，2024.

② YD/T 3594—2019，基于LTE的车联网通信安全技术要求［S］. 北京：中国标准出版社，2019.

③ YD/T 3746—2020，车联网信息服务　用户个人信息保护要求［S］. 北京：中国标准出版社，2020.

保护要求；《车联网信息服务　数据安全技术要求》（YD/T 3751—2020）[①] 规定了车联网信息服务过程中数据生命周期内保护的总体要求，主要包括数据采集、传输、存储、使用、迁移、销毁、备份恢复等方面的安全保护要求。

同时，部分省市积极探索标准化路径，陆续进行地方标准的制定。例如，2023 年 8 月，深圳市市场监督管理局发布了包括《智能网联汽车整车信息安全技术要求》（DB4403/T 355—2023）、《智能网联汽车数据安全要求》（DB4403/T 361—2023）等在内的十项地方标准，并已于同年 9 月开始实施；[②] 2023 年 10 月，重庆市经济和信息化委员会、重庆市市场监督管理局联合发布了《重庆智能网联汽车标准体系建设指南》，[③] 该指南以《国家车联网产业标准体系建设指南（智能网联汽车）（2023 版）》为指导，主要涵盖了基础与通用规范、产品与技术应用、运营与服务三个板块，共计 449 项，其中包括 88 项国际标准、173 项国家标准、73 项行业标准、20 项地方标准和 95 项团体标准。

此外，若干团体标准已成为行业共识。中国智能网联汽车产业创新联盟于 2020 年和 2021 年先后发布了两版《智能网联汽车团体

---

① YD/T 3751—2020，车联网信息服务　数据安全技术要求［S］. 北京：中国标准出版社，2020.

② 深圳市市场监督管理局 . 深圳市地方标准批准发布公告（总第 120 号）［EB/OL］.（2023-08-24）［2024-07-21］. https://amr. sz. gov. cn/gkmlpt/content/10/10800/post_10800873. html#928.

③ 重庆日报 . 重庆发布智能网联汽车标准体系建设指南［EB/OL］.（2023-10-16）［2024-07-21］. https://www. cq. gov. cn/zwgk/zfxxgkml/lwlb/cqzxd/zzdt/202310/t20231016_12434271. html.

标准体系建设指南》,[①] 从“车辆关键技术”、“信息交互关键技术”和“基础支撑关键技术”三个方面搭建团体标准体系，为团体标准建设提供参考，如图 1-2 所示。

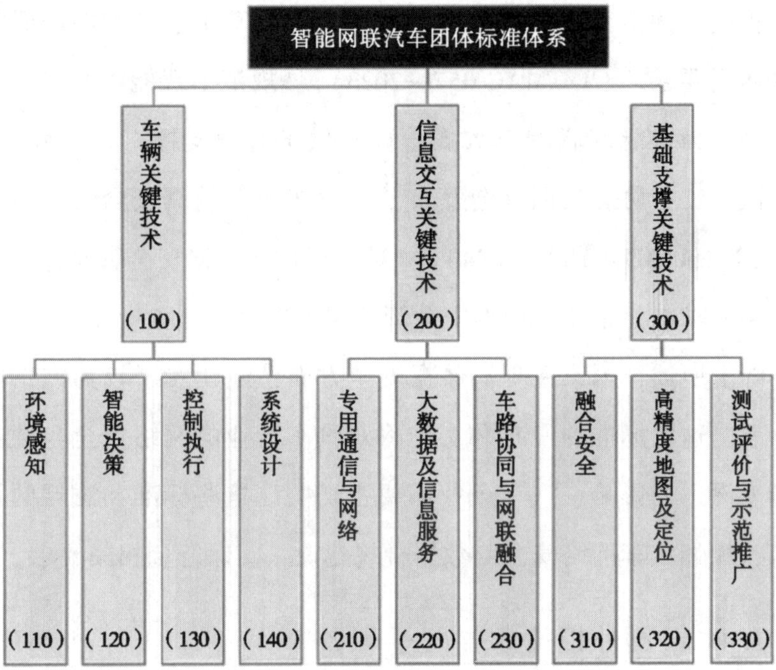


**图 1-2　智能网联汽车团体标准体系**

2021 年 11 月，中国汽车工业协会发布了《智能网联汽车数据格

① 中国汽车工程学会 .《智能网联汽车团体标准体系建设指南年度发展评估报告（2023 年）》发布[EB/OL].(2024-02-07)[2024-07-21]. https://mp.weixin.qq.com/s?__biz=MzI3MTg4NjcyOA==&mid=2247492262&idx=2&sn=28abb01126c90cf7695b3b038d779a35&chksm=eb385241dc4fdb57ebc1fb64c606788f5c06d475351873ebbb229a14c4 711a5c115d6597004f&scene=27.

式与定义》（T/CAAMTB 34—2021），[①] 用于规范和统一智能网联汽车采集并经过处理后的数据格式与定义，实现脱敏数据的交互及共享，并通过制定数据安全等级划分不同种类数据境内交互和出境的限制程度。2023 年 5 月，中国技术市场协会发布了《智能网联汽车数据通用要求》（T/TMAC 057—2023），[②] 规范了智能网联汽车数据的使用，为智能网联汽车数据管理提供了有力支撑。2024 年 3 月，中国汽车工业协会数据分会发布了《汽车企业数据安全管理体系要求》（T/CAAMTB 189—2024），[③] 对汽车企业数据安全管理体系提出了相关要求，为企业的数据安全管理实践提供了有益指导。

综上所述，国家在车辆数据安全方面已经建立了较为完善的标准体系，这些标准的发布和实施将对汽车行业的网络安全与数据安全带来深远的影响。汽车企业需要密切关注这些标准和法规的详细内容，加强汽车网络安全与数据合规建设，确保符合相关要求。

### 1.4.2 国外相关标准

美国汽车工程师协会（Society of Automotive Engineers，SAE）于 2016 年编制的 SAE J3061《信息—物理汽车系统网络安全指南》[④] 是

---

① T/CAAMTB 34—2021，智能网联汽车数据格式与定义［S］. 北京：中国标准出版社，2021.

② T/TMAC 057—2023，智能网联汽车数据通用要求［S］. 北京：中国标准出版社，2023.

③ T/CAAMTB 189—2024，汽车企业数据安全管理体系要求［S］. 北京：中国标准出版社，2024.

④ SAE J3061，Cybersecurity Guidebook for Cyber-Physical Vehicle Systems［S］. New York：Society of Automotive Engineers，2016.

全球首个针对汽车网络安全设立的推荐性标准。该标准搭建了一套涵盖汽车完整生命周期的网络安全框架，为识别和评估网络安全威胁提供了指导。在数据安全方面，SAE J3061 强调了在整个车辆生命周期中保护数据的重要性，包括数据的机密性、完整性和可用性；规定了建立涵盖数据分类和数据访问控制在内的数据保护策略；强调将数据保护措施融入系统设计之中，保障数据传输安全、数据存储安全等，并制定数据泄露应对措施。

SAE J3061 的发布奠定了汽车行业网络安全领域的基础，推动全球汽车制造商逐步重视并实施更严格的网络安全防护措施。

《道路车辆功能安全》（ISO 26262）① 是国际标准化组织（International Organization for Standardization，ISO）于 2011 年发布的针对汽车系统功能安全的国际标准。该标准为车辆安全提供了一个生命周期的概念，将生命周期具体划分为概念设计、系统开发、硬件开发、软件开发、生产与运营、报废以及支持过程等阶段，并明确了各阶段中车辆电气和电子系统的安全需求及具体工作，覆盖管理、开发、生产、运行、服务与报废等各个环节。对于各电子组件的风险评估，ISO 26262 制定了汽车安全完整性等级划分，根据风险的严重度、暴露度和可控度分为 A、B、C、D 四个等级，其中，A 代表的风险程度最低，D 代表的风险程度最高。这一划分标准明确地反映了电子组件所面临的安全风险严重程度，从而根据不同风险等级实施相应的安全措施和设计规范。

① ISO 26262，Road vehicles-Functional safety[S]. Geneva：International Organization for Standardization，2011.

ISO 26262 从功能实现的角度对数据安全进行了规定，要求保证数据在不同组件之间流动时的完整性和一致性，从而确保控制策略能够正确响应输入信号，保障功能的安全执行。在车辆“网联化”的背景下，通过网络侵犯数据安全进而对功能安全造成的负面影响越发严重。2018 年发布的第二版 ISO 26262（ISO 26262：2018）引入了对网络安全的关注，指出车辆系统中的网络安全漏洞可能会影响功能安全，建议在功能安全生命周期的各个阶段将潜在的网络安全威胁纳入考虑范围。ISO 26262：2018 还讨论了一些可能的攻击场景，如远程控制、车辆入侵、恶意代码注入等，但未制定具体的安全标准。

2021 年发布的《道路车辆　网络安全工程》（ISO/SAE 21434）①是 ISO 与 SAE 联合制定的专门针对汽车网络安全的国际标准。与 ISO 26262 类似，ISO/SAE 21434 同样以风险为导向，基于风险评估方法进行安全目标的制定，要求将安全管理贯穿汽车整个生命周期。ISO/SAE 21434 强调了供应链中的网络安全管理，搭建了从概念阶段到产品开发、生产、运维以及结束的汽车全生命周期的网络安全框架，其组织结构如图 1-3 所示。

① ISO/SAE 21434, Road vehicles-Cybersecurity engineering[S]. Geneva: International Organization for Standardization, 2021.

**图 1-3 ISO/SAE 21434 组织结构**

ISO/SAE 21434 要求车辆数据的采集和处理必须遵循透明、合法、目的明确、数据最小化的原则，并且在强调保护数据的机密性、完整性和可用性的基础上，进一步关注数据隐私保护，特别是与用户个人相关的数据，如位置信息、用户行为数据、车辆使用数据等。该标准规定车辆制造商应尊重用户的数据隐私权，在收集使用或共享隐私数据前需要征得用户的明确同意，并为用户提供数据控制和选择权；要求通过安全设计确保这些数据在传输过程特别是与车辆外部的传输过程中不会被滥用或被泄露。此外，ISO/SAE 21434 还强调了安全更新的重要性，特别是在车辆系统中进行 OTA 更新时，确保更新包的完整性和可信性，防止更新过程中的数据被篡改或利用恶意更新入侵系统。

同时，ISO/SAE 21434 提供了一套通用的威胁分析和风险评估（Threat Analysis and Risk Assessment，TARA）方法，包括以下流程：

（1）资产识别：识别哪些组件会遭到破坏，分析其网络安全属性和损坏情况。

（2）威胁场景识别：分析资产会受到何种威胁，如发生信息泄露或破坏数据完整性。

（3）影响等级：评估发生威胁对车辆操作、隐私、生命财产安全等方面的影响程度，分为严重、重要、适中和可忽略。

（4）攻击路径分析：分析实现威胁场景可能的路径，通过自顶向下、自底向上或两种方式相结合的方式查找漏洞。

（5）攻击可行性等级：对攻击路径评估发生攻击的可能性，根据完成攻击所需成本分为高、中、低、非常低四个等级。

（6）风险值确定：从威胁场景、影响等级、攻击可行性等方面进行风险评级，评价方法可采用风险矩阵或定义风险公式。

（7）风险处理决策：根据（1）~（6）点确定如何处理风险，如规避风险、降低风险、分担风险或保留风险。

通过 TARA 可对车辆全生命周期中的任何阶段和任意组件进行网络安全评估，从而明确车辆中存在的安全隐患。

随着现代车辆日益依赖网络连接和数据处理，为了全面确保数据安全，除了上述针对汽车领域制定的标准，通常还需要结合其他专门针对数据安全的标准，具体如下。

（1）《信息安全管理体系》（ISO/IEC 27001）[①]：该标准由 ISO 和国际电工委员会（International Electrotechnical Commission，IEC）联合发布，提供了全面的信息安全管理框架，适用于组织的数据保护和管理。该标准可以作为 ISO/SAE 21434 的补充，以加强对车辆系统中整体数据安全的管理。

（2）《云服务信息安全管理体系》（ISO/IEC 27017）[②]：该标准为云计算环境中的信息安全提供了具体指南，帮助云服务提供商和用户在云环境中实施有效的信息安全控制，包括数据保护、身份管理、供应链管理等方面，确保云服务的安全性和合规性。

（3）《公有云个人身份信息安全防护》（ISO/IEC 27018）[③]：该标准主要针对云服务商对云中个人数据的安全防护，为云服务提供商提供了如何在处理个人数据时满足隐私保护要求的实践指南，给出了实施数据保护控制的具体建议，以符合相关隐私保护法律法规。

---

① ISO/IEC 27001, Information technology-Security techniques-Information security management systems-requirements[S]. Geneva: International Organization for Standardization, 2005.

② ISO/IEC 27017, Information technology-Security techniques-Code of practice for information security controls for cloud services based on ISO/IEC 27002[S]. Geneva: International Organization for Standardization, 2015.

③ ISO/IEC 27018, Information technology - Security techniques - Code of practice for protection of personally identifiable information (PII) in public clouds acting as PII processors[S]. Geneva: International Organization for Standardization, 2014.

# 2 智能网联汽车概述

本章先介绍了智能网联汽车的核心概念；然后聚焦智能网联汽车的组成架构，在“车能路云”协同发展的框架下，从“云—管—端”三个结构层面对其进行组织架构的精细划分；最后对智能网联汽车中涉及的个人信息进行分级分类，并以此为标准梳理归纳个人信息在智能网联汽车中的几种典型应用场景，为后续的个人信息与数据的安全防护研究奠定理论基础。

## 2.1 智能网联汽车的概念

智能网联汽车（Connected and Automated Vehicle，CAV 或 Intelligent and Connected Vehicle，ICV）是指搭载先进的车载传感器、控制器、执行器等装置，并融合现代通信与网络技术，实现车与 X（人、车、路、云等）智能信息交换、共享，具备复杂环境感知、智能决策、协同控制等功能，可实现安全、高效、舒适、节能行驶，并最终替代人来操作的新一代汽车。[①] 在当前国家与国际环境高度强调环保、节能发展的语境下，智能网联汽车凭借其更环保、更节能、更安全的特性，迎合了新一轮工业发展的主流趋势，成为未来发展的焦点和新质生产力的具体体现。

而在技术实现中，智能网联汽车高度强调学科与专业技术的交叉融合，需要对于汽车与交通工程、计算机技术、通信与网络技术、大数据技术、云存储技术、自动控制技术、人工智能技术等进行高度集成和综合运用。其在环境感知上强调“人—车—路—云”的一体化建设，在体系架构上强调软件硬件的高度集成，在信息交互上强调存储与传输的高效安全。

在智能网联汽车的诸多技术之中，自动驾驶是基础且重要的部分之一。智能化和网联化为自动驾驶提供了丰富的数据支持与实时通信，确保车辆能够与周围环境和其他交通参与者进行高效互动。而自动驾驶则将这些技术优势落实到行驶安全与效率上，切实提升驾驶的安全性和交通的流畅度。

目前，国际上对于自动驾驶的相关概念以及发展技术路线并没有形成统一的标准，欧美等国发布的自动驾驶分级标准总体原则相同，但具体略有不同。如图 2-1 所示，美国国家公路交通安全管理局（NHTSA）发布《关于自动驾驶汽车的初步政策声明》，该声明按自动化程度将自动驾驶汽车分为 5 级，分别是 L0 无自动驾驶、L1 驾驶辅助（DA）、L2 部分自动驾驶（PA）、L3 高度自动驾驶

---

① 中国汽车工程学会．节能与新能源汽车技术路线图［M］．北京：机械工业出版社，2016.

（HA）、L4 完全自动驾驶（FA），并在随后提出至 2025 年实现 FA 市场化的目标；欧盟道路交通研究咨询委员会（ERTRAC）发布“自动驾驶路线图”，将汽车按自动化程度分为 6 级，分别是 0 级无自动化、1 级（DA）驾驶员辅助、2 级（PA）部分自动驾驶、3 级（CA）有条件自动驾驶、4 级（HA）高度自动驾驶、5 级（FA）完全自动驾驶。①

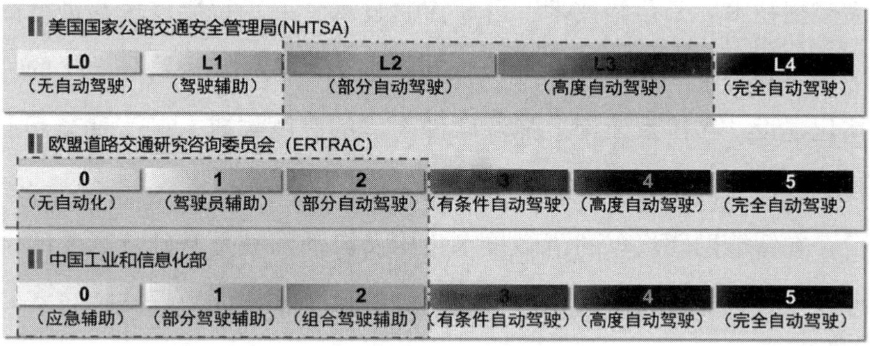


图 2-1　自动驾驶汽车分级标准

我国《汽车驾驶自动化分级》（GB/T 40429—2021）② 将自动驾驶具体分为 0 级应急辅助、1 级部分驾驶辅助、2 级组合驾驶辅助、3 级有条件自动驾驶、4 级高度自动驾驶、5 级完全自动驾驶。如表 2-1 所示，主要是以行驶状态下用户角色和驾驶自动化系统角色这两大方面的参与程度为考量，聚焦于“持续的车辆横向和纵向运动

① 中国汽车工业信息网．中外智能网联技术发展现状综述[EB/OL].(2017-02-22)[2024-05-10].https://www.12365auto.com/news/20170222/272092.shtml.

② GB/T 40429—2021，汽车驾驶自动化分级［S］．北京：中国标准出版社，2021.

控制”“目标和事件探测与响应”“动态驾驶任务后援”“设计运行范围”四方面任务的表现，并且具体基于以下六个要素进行划分：

**表 2-1 智能网联道路系统等级划分**

| 分级 | 名称 | 持续的车辆横向和纵向运动控制 | 目标和事件探测与响应 | 动态驾驶任务后援 | 设计运行范围 |
|---|---|---|---|---|---|
| 0 级 | 应急辅助 | 驾驶员 | 驾驶员及系统 | 驾驶员 | 有限制 |
| 1 级 | 部分驾驶辅助 | 驾驶员和系统 | 驾驶员及系统 | 驾驶员 | 有限制 |
| 2 级 | 组合驾驶辅助 | 系统 | 驾驶员及系统 | 驾驶员 | 有限制 |
| 3 级 | 有条件自动驾驶 | 系统 | 系统 | 动态驾驶任务后援用户（执行接管后成为驾驶员） | 有限制 |
| 4 级 | 高度自动驾驶 | 系统 | 系统 | 系统 | 有限制 |
| 5 级 | 完全自动驾驶 | 系统 | 系统 | 系统 | 无限制* |

* 排除商业和法规因素等限制。

（1）驾驶自动化系统是否持续执行动态驾驶任务中的目标和事件探测与响应。

（2）驾驶自动化系统是否持续执行动态驾驶任务中的车辆横向或纵向运动控制。

（3）驾驶自动化系统是否同时持续执行动态驾驶任务中的车辆横向和纵向运动控制。

（4）驾驶自动化系统是否持续执行全部动态驾驶任务。

（5）驾驶自动化系统是否自动执行最小风险策略。

（6）驾驶自动化系统是否存在设计运行范围限制。

第一要素划分，可以理解为针对自动驾驶系统态势感知能力的划分，检验其是否能够观测路况并根据路况作出相应的反应。

第二要素划分，可以理解为针对自动驾驶系统控制能力的划分，检验其是否能够控制汽车的转向或加减速。

第三要素划分，可以理解为针对自动驾驶系统协同控制能力的划分，检验其是否能够同时对汽车的转向与加减速进行控制。

第四要素划分，可以理解为针对自动驾驶系统态势感知能力以及自动控制能力的划分，检验其是否能够完成汽车的转向、加减速控制、路况观测和反应的任务。

第五要素划分，可以理解为针对自动驾驶系统自主决策能力的划分，检验其是否能够完成汽车的转向、加减速控制、路况观测和反应的任务，以及汽车遇到故障或问题时的接管任务。

第六要素划分，可以理解为针对自动驾驶系统外部条件适应能力的划分，检验其工作条件或设计运营范围是否有限制。

如图 2-2 所示，在智能汽车的发展过程中，根据技术路线差异，智能汽车也被分为 3 个发展方向①：网联式智能汽车（Connected Vehicle，CV）、自主式智能汽车（Autonomous Vehicle，AV），以及网联式与自主式的融合路线，即智能网联汽车。网联化（协同式）是指基于通信互联，使汽车具有环境感知、决策和控制运动能力。智能化（自主式）技术路线是基于车载传感器，使汽车自主感知、决策和控制运动。

① 李克强，戴一凡，李升波，等．智能网联汽车（ICV）技术的发展现状及趋势［J］．汽车安全与节能学报，2017，8（01）：1-14.

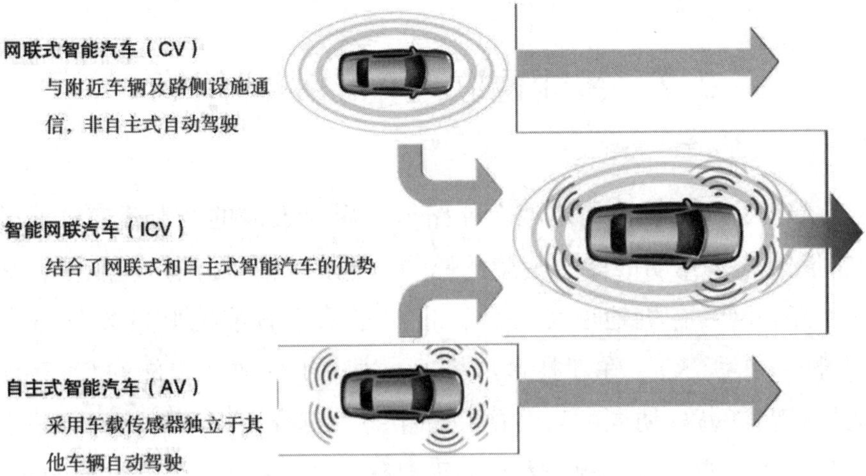


图 2-2 智能汽车的 3 种技术路线

无论是智能汽车的自动驾驶分级还是技术路线的分流，车联网技术在其中都起到极为关键的作用，车联网的核心技术也在不断升级迭代。在车载层面，安全车控 OS 和智能驾驶 OS 不断更新优化以提升操作性能和驾驶体验；在通信层面，5G-V2X 远程通信技术、专用短程通信技术（Dedicated Short-Range Communication，DSRC）成为发展智能网联汽车通信技术的着力点；在云服务层面，各企业投入大量资源和精力建设与运营智能网联汽车云平台。由此可见，车联网技术已经深度贯穿智能网联汽车的“感知—决策—控制”全流程以及“价值链—技术链—产业链”全体系。当前，我国智能网联汽车产业已进入全新的发展阶段，频繁的端与端之间的数据交换要求在监管政策、标准制定、技术创新等各方面齐头并进，协同联动。①

① 本刊记者．“智能网联汽车信息安全技术”研讨会在沪举办［J］．信息网络安全，2024，24（01）：162-163.

## 2.2 智能网联汽车的组成架构

当前，我国提出构建“车能路云”融合发展的产业生态，通过“智能的车、互动的能、智慧的路与协同的云”将汽车、能源、交通、互联网云有机地融为一体，指明了未来智能网联的发展方向（如图 2-3 所示）。在新技术形势下，进一步形成“智能的车+互动的能+智慧的路+协同的云”的良好生态，充分发挥其价值优势是未来我国“车能路云”融合发展的重要任务。[①] 未来，亿万规模的车、智慧协同的路、高效计算的云、可靠通信的网、遍布各处的充电设施等，将构建前所未有、规模巨大的新型网络空间。

进一步打通“人车路云”各节点之间的相互连接，是实现“车能路云”融合发展的基础和关键路径。图 2-4 展示了智能网联汽车系统的配套技术架构，以“人”“车”“路”“云”四要素的单点智能及互联互通为关键研究对象；以该系统衍生出的 V2X 技术为核心，并以环境感知技术、智能决策技术、车载蜂窝通信技术、通信安全技术、云控平台技术、大数据技术等作为核心技术支撑；以“安全、舒适、节能、高效”作为该系统运行的技术预期目标。

根据智能网联汽车系统的技术特点以及核心功能内容，归纳总结出该系统的主要架构萦绕在“云—管—端”三个层面，本节将以此维度划分各子系统的组成架构，并具体从硬件及软件方面进行更精细的划分介绍。

---

① 岳超，钟佳儒，宁启立，等．新技术形势下“车能路云”融合发展战略研究［J］．中国工程科学，2024，26（01）：45-58.

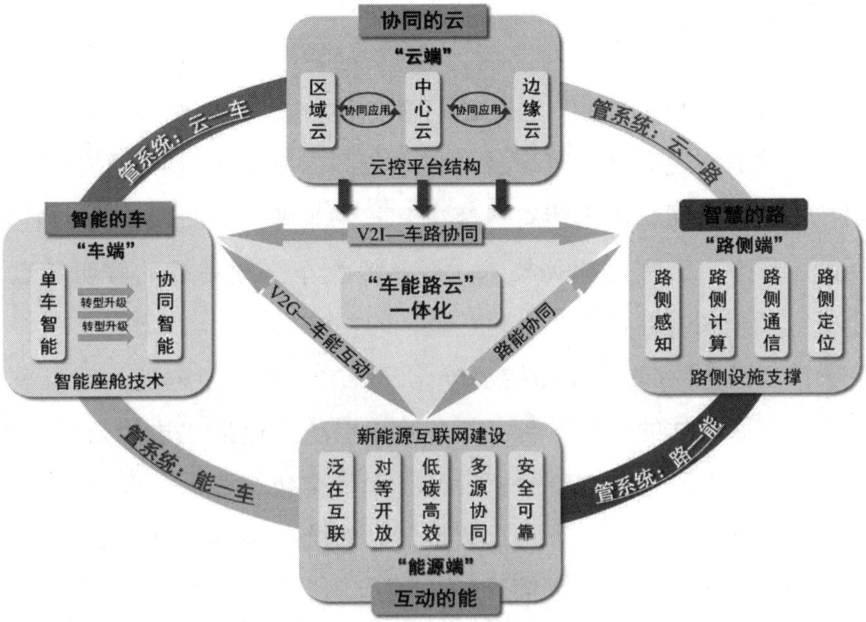


图 2-3 "车能路云"一体化建设体系

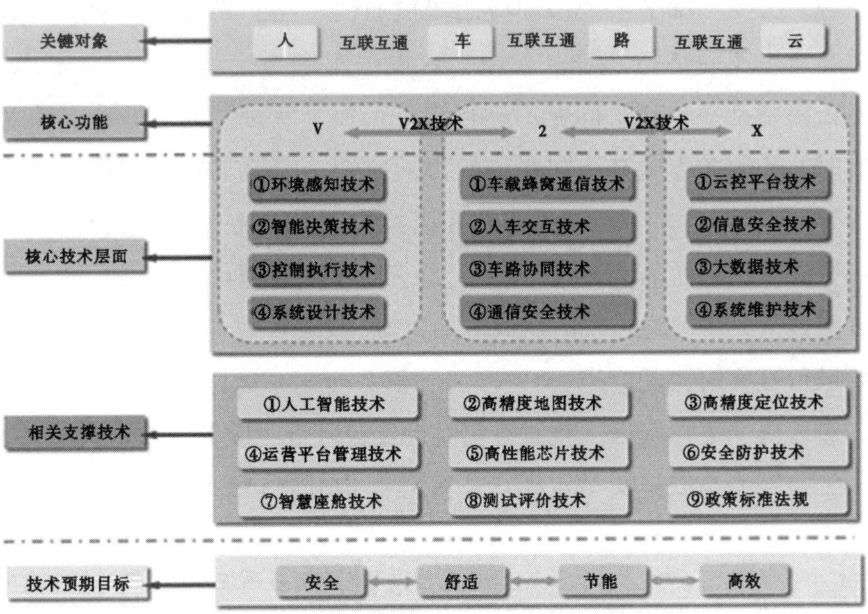


图 2-4 智能网联汽车系统配套技术架构

### 2.2.1 云系统

通过对“单车智能”技术进行理论性分析，多数学者认为单车自动驾驶的实现面临不可逾越的技术瓶颈，而基于新一代信息与通信技术的智能网联汽车能有效解决其技术难题，并产生新的汽车交通系统形态。云端的相关技术无疑是该汽车交通系统的鲜明特点，也是实现车联网各要素“协同互联”的关键端口。

图 2-3 展示的云端结构部分，云端的核心在于构建一个可靠、安全、互联互通的云控平台，其在结构层次上包括“边缘云”“区域云”“中心云”三个部分。云控平台是构建车路云标准通信与实时计算环境、实时融合车路云数据，进而统一协调运行智能网联驾驶与智能交通应用（以下简称“协同应用”）、支撑云控系统进行车辆及其交通运行性能优化的云平台，[①] 由云控基础平台与协同应用组成。云控基础平台为协同应用提供通信链路、交通全要素实时数据与应用实时运行环境。云控平台根据车辆与交通运行优化需求，对云控基础平台和协同应用进行统一调控与管理。为更好地支撑对实时性和服务力度有不同要求的协同应用，云控基础平台具有“边缘云”“区域云”与“中心云”3 级架构，逻辑统一，物理分散，实现协同应用的按需动态运行。“边缘云”（含边缘计算节点）通常服务街或区，主要运行实时协同应用；“区域云”通常服务市或省，主要运行准实时协同应用；“中心云”服务全国，运行非实时应用。上一级云协调下一级云，其服务实时性逐级降低，服务力度依次增大。

云端的组织架构与主要功能直接决定其在运行中涉及大量信息

---

① 李克强，常雪阳，李家文，等．智能网联汽车云控系统及其实现［J］．汽车工程，2020，42（12）：1595-1605.

数据的存储与传输，其中充斥着大量的风险点位，对于系统的信息安全构成相应威胁。

### 2.2.2 管系统（“人车路云”通信）

为更好地体现“协同赋能”的智能网联汽车特征，激发各端系统的结构效能，管系统被提出并且不断被加强重视，研究重点也逐渐从通信网络研究转变到信息传输安全方面，未来预期车联网将与5G技术深度融合，实现车车/车路协同控制与自动驾驶。[①]

管系统在行使通信职能过程中，涉及车载单元（On Board Unit，OBU）、路侧单元（Road Side Unit，RSU）、云端、路侧端等的协同运作，并且可以具体划分为“本车端—本车端”的车内网、“本车端—外车端”的车际网以及“本车端—云端”或“本车端—路侧端”的车云网等互联互通形式。本节将从通信对象层面进行分类并展开具体论述。

#### 2.2.2.1 车内通信

在“管系统”结构中，车内网是通过整体感知、定位和语音识别等技术来构建单车网络，形成车内的通信闭环。车内网实现了车辆内部的数据采集、通信、处理和执行，其在通信方式上以总线通信为主。

车内通信层负责实现车内的数据传输和通信功能，通过汽车总线协议、以太网技术、无线网络等通信方式将车辆内部各组件连接起来，构成一个局域网络，实现信息共享。总线技术是车内通信层中最常见的一种技术，也是目前研究关注的重点。车内总线协议包

---

① 肖瑶，刘会衡，程晓红．车联网关键技术及其发展趋势与挑战［J］．通信技术，2021，54（01）：1-8.

括控制器局域网络（Controller Area Network，CAN）、本地互联网络（Local Interconnect Network，LIN）、FlexRay 和媒体导向的系统传输（Media Oriented System Transport，MOST）等。CAN 总线是一种串行总线通信协议，通过差分信号对数据进行传输，支持点对点通信和广播通信两种模式，旨在进行快速、可靠的通信。CAN 总线连接的各电子控制单元（Electronic Control Unit，ECU）采取竞争方式向总线传输数据，通过报文标识符决定优先级，较高优先级的节点先发送报文，其余节点等待总线空闲后再次竞争。值得一提的是，CAN 总线是目前应用最广、最成熟的车内通信协议，现有的车内网通信安全的研究也聚焦于 CAN 总线的规则、策略和漏洞利用。LIN 总线是一种低成本串行通信协议，由 1 个主节点和若干从节点构成，可靠性及性能较低。LIN 总线报文发送的顺序是确定的，不是事件驱动的，即没有总线仲裁，常应用于车窗、雨刮器和空调等模块上。FlexRay 总线具有高带宽、高容错和灵活的拓扑结构等特性，它采用周期通信的方式，但是成本和复杂性较高，被广泛应用于高性能实时应用，如车身电子系统、驱动控制系统和安全控制系统等。MOST 总线是一种专为车载多媒体应用设计的总线标准，使用光纤作为物理传输介质，具有极高的传输速率，并提供自动配置及网络管理功能，为车载多媒体数据的传输和共享问题提供了高效、稳定与高质量的解决方案。

#### 2.2.2.2　车际通信

在“管系统”结构中，车际通信通过移动边缘计算、软件定义网络、网络切片和区块链等技术实现车辆、路侧单元之间的智能互联，车际通信是智能交通系统未来发展的基础，也是智能网联汽车安全行驶的保障。在车际通信中，车辆本身作为一个通信实体，参与构建了车辆、路侧单元以及行人之间的交互协作体系，具体又分为 V2V、V2P、V2I、V2N。

当前阶段的车际通信技术，主要采用 DSRC、C-V2X 通信，使车辆能够在 V2X 架构中实现共享交通信息、协同行驶以及避免碰撞等功能。DSRC 专用短程通信主要由 OBU、RSU、专用通信链路组成。C-V2X 包含基于 4G 网络的 LTE-V2X 系统以及未来基于 5G 资源的 5G-V2X 系统，借助已存在的 LTE 网络设施来实现 V2V、V2P、V2I、V2N 的信息交互，适应于更复杂的安全应用场景，满足低时延高可靠性和带宽要求。

#### 2.2.2.3 车云通信

“管系统”结构中的车云通信是以车为移动终端，通过远距离无线通信（Telematics）技术构建的车与云之间的通信网络。其应用场景①主要是在车端与车企云平台、路侧边缘云平台、智能辅助驾驶服务平台、车载信息服务云平台、高精动态地图服务平台等车联网服务平台的车云通信场景下，实现车辆可信接入、车辆定位及感知数据的可信采集、车辆状态信息的可信上传、汽车远程升级可信验证、基于安全链路的可信车云交互等车云通信应用。

面对车云一体化的发展趋势，当前亟须形成体系化、规范化的方法、架构、设计原则、协议标准，并且《车联网身份认证和安全信任试点技术指南（1.0）》中也强调要加强典型应用场景的通信安全保护，具体包括车辆导航、车辆远程监控/诊断/接管、紧急救援、信息娱乐服务、OTA 升级等。

---

① 工业和信息化部．工业和信息化部办公厅关于开展车联网身份认证和安全信任试点工作的通知[EB/OL].（2021-06-10）[2024-05-20]. https://www.miit.gov.cn/jgsj/waj/wjfb/art/2021/art_203bcf2323ca42d4aca6c9324e90187f.html.

### 2.2.3 端系统

#### 2.2.3.1 车端

智能网联汽车的车端是系统功能的具体承载对象，车端的行驶轨迹及操作行为也是“人车路云”协同运作的具体表现形式。在“车能路云”系统中，“智能的车”指在硬件层面搭载先进车载传感器、控制器、执行器等装置，能够具体应用车载计算平台与安全车控、智能驾驶、车载操作和云端孪生等操作系统同“人车路云”进行互联互通，形成安全、舒适、节能、高效行驶的智能网联汽车。

目前，智能网联汽车系统车端的研究聚焦点，主要以发展智能座舱技术为核心。智能座舱是由不同的座舱电子单元组成的完整体系，其关键技术主要由四部分组成。第一部分是机械技术，包括可变化车体技术和内饰机构技术。第二部分是电子硬件技术，包含高性能芯片技术、显示屏技术、专用电器总成以及传感器技术。第三部分是软件技术，主要有操作系统和各种应用软件。汽车智能化发展必然会趋向于一机多屏，通过操作系统实现由一个车机芯片控制各屏的软件。第四部分是两大支撑技术，分别是人工智能技术和云计算技术。未来智能算法的准确性决定了不同品牌智能座舱的差异化，是影响车内用车体验以及车外互联互通体验的关键。智能座舱通过上述技术，实现人机交互。以中控屏、仪表盘、后座娱乐屏等硬件为载体，实现人脸识别、多音区检测、视线追踪、疲劳分级以及多模命令词等核心智能化功能。除此以外，还可以衍生出音量自动调节、高速分心提醒、疲劳拯救等个性化附加功能。未来，智能座舱还可能应用到增强现实和虚拟现实技术。

通过调研，传统车代码量级大约在1亿条，而在当前智能座舱技术尚未发展成熟，仍处于技术高速迭代期的阶段，带有智能座舱的车代码量级已经达到5亿~6亿条，预计到2025年全自动驾驶的车代码量级能够达到10亿条，更大量级的代码数量意味着其面对安全威胁的可能性相应更高。《软件评估、基准测试和最佳实践》认为，[①] 在不同能力成熟度模型下，每1000行代码内部的平均BUG数是1个到7个不等。可想而知，在人类现阶段科技发展和认知水平下，彻底检查如此大规模软硬件系统的缺陷和漏洞是不可能实现的。而且，由于智能网联汽车庞大复杂的供应链，也很难确保软硬件后门问题完全杜绝，正是这些软硬件的漏洞/后门引发了智能网联汽车的内生安全共性问题。[②] 因此，智能网联汽车车端的数据及信息安全问题受到学术界越来越多的关注。

#### 2.2.3.2 路侧端

随着车路协同的发展，路侧单元的智能感知成为车路信息交互的重点。将传感器安装在路侧设备上，从技术角度来看，路侧智能感知能够有效减小车端的运算负载，同时让车辆拥有超视距的感知能力，增加整个系统的安全冗余，对未来智慧交通的发展具有重要意义。因此，智能网联汽车系统路侧端的相关技术部署是智慧赋能智能网联汽车的关键环节，也是让“智能的车”走上“智慧的路”的重要步骤。

智能路侧终端是一种安装在道路侧的设备，用于实现路侧与汽车以及路侧与行人之间可靠的高速数据通信，以面向各种场景进行

---

① ONES C. Software assessments, benchmarks and best practices[M]. 北京：高等教育出版社，2003.

② 邬江兴．智能网联汽车内生安全问题与对策［J］．重庆邮电大学学报（自然科学版），2023，35（03）：383-390.

复杂系统的融合感知、决策与控制。2019 年 11 月，中国公路学会自动驾驶工作委员会发布了《智能网联道路系统分级定义与解读报告》,[①] 该报告从交通基础设施系统的信息化（含数字化、网联化两个方面)、智能化、自动化的角度出发，结合服务对象、应用场景、接管，把智能网联道路系统分为 I0 到 I5 六个级别。该分级标准对中国自动驾驶车路协同技术的发展起到重要作用，如表 2-2 所示。

**表 2-2　智能网联道路系统等级划分**

| 分级 | 信息化（数字化/网联化） | 智能化 | 自动化 | 服务对象 | 应用场景 | 接管 |
| --- | --- | --- | --- | --- | --- | --- |
| I0 | 无 | 无 | 无 | 驾驶员 | 无 | 驾驶员 |
| I1 | 初步 | 初步 | 初步 | 驾驶员/车辆 | 多数 | 驾驶员 |
| I2 | 部分 | 部分 | 部分 | 驾驶员/车辆 | 部分场景 | 驾驶员 |
| I3 | 高度 | 有条件 | 有条件 | 驾驶员/车辆 | 专用道在内的主要道路 | 驾驶员 |
| I4 | 完全 | 高度 | 高度 | 车辆 | 特定场景/区域 | 驾驶员 |
| I5 | 完全 | 完全 | 完全 | 车辆 | 全部 | 驾驶员 |

### 2.2.3.3　能源端

智能网联汽车的发展强调低碳高效，对于能源端的要求很高。当前，我国汽车“电动化”趋势强劲，而智能网联技术的一大亮点就在于能够优化能源管理。因此，如何将智能网联技术的优势

---

① 中国公路学会自动驾驶工作委员会. 智能网联道路系统分级定义与解读报告[R/OL](2019-11)[2024-11-05]. https://www.chts.cn/cms_files/filemanager/1389253025/attach/20235/8271b114bea6483c9af6d0e44eb0186e.pdf.

和"电动化"趋势相结合，加强新能源研发建设，保持住发展势头，是当前面临的主要问题。"互动的能"是指采用先进电力电子技术、信息技术，能够将电力系统、新能源汽车等能量节点互连，实现能源在车辆和电网之间双向流动的能源网。①

目前，我国已经开始围绕新能源汽车的负荷及储能特性进行V2G试点研究，如无锡的e-Park、北京的人济大厦V2G示范项目、重庆的福佑路光储充示范站等，② 通常以新能源汽车移动储能、需求响应、有序充电策略以及"源网荷储"协同互动等为主。总体来说，我国V2G技术研究与应用仍处于起步阶段，面临充电桩建设成本高、大规模商业落地模式不明晰、电力系统软件升级难等问题，与国际先进水平相比略有滞后。我国发布的《关于加强新能源汽车与电网融合互动的实施意见》（发改能源〔2013〕1721号），从标准体系、技术攻关及市场机制等方面明确了新能源汽车与电网融合互动产业的长期发展建设目标。

## 2.3 个人信息的典型应用场景

智能网联汽车的安全问题是一个复杂系统的问题，既包括硬件安全、固件安全、操作系统安全、应用安全、通信安全、云端安全等传统安全问题，还包括数据安全、人工智能算法安全、供应链安

① Kempton W, Tomió J. Vehicle-to-grid power fundamentals: calcu-lating capacity and net revenue[J]. Journal of Power Sources, 2005, 144(01): 268-279.

② 刘栋晨，季昱，胡岳．交能融合V2G技术研究与实践综述［J］．上海交通大学学报，2023（11）：1-25.

全等新型安全问题。[①]

面对智能网联汽车"新四化"的发展趋势，智能网联汽车的数据安全、人工智能算法安全以及供应链安全问题逐渐演变为主要的安全威胁，正在引起全社会的关注。当前，信息安全已成为继主动安全、被动安全和功能安全之后汽车领域中的第四大安全问题，[②] 而加强对个人信息安全的保护，防范潜在的数据泄露和滥用，是确保汽车信息安全的关键任务之一。

### 2.3.1 个人信息分类分级

面对用户的个性化控制需求，相较于传统汽车，智能网联汽车对个人信息的收集频次显著增加，涉及内容范围显著扩大。其中大量的个人信息在数据生命周期不断流转，各环节都存在信息泄露及被利用的风险。为了形成更科学的个人信息保护体系，首先需要对个人信息做好精细化分级分类。深圳市在《智能网联汽车数据安全要求》（DB4403/T 361—2023）中提供了个人信息分类分级示例，本节将借鉴深圳市关于智能网联汽车个人信息分类分级的管理经验，在表 2-3 中列出个人信息分类分级的示例，并作为后续典型场景研究的理论基础。

---

① 李川鹏，郭宇辰．浅析自动驾驶技术发展现状、趋势及挑战［J］．时代汽车，2022（14）：4-6.

② 刘茜．关于汽车安全综合评价模型的研究［J］．自动化与仪器仪表，2017（08）：12-13，16.

**表 2-3 智能网联汽车个人信息分类分级示例**

| 分类 | 分级 | |
|---|---|---|
| | 一般个人信息 | 敏感个人信息 |
| 个人基本资料 | 个人姓名、出生日期、电子邮箱地址、住址、个人电话号码、年龄、性别、家庭关系 | — |
| 个人身份信息 | 个人账户的系统账号（不包含密码） | 身份证、驾驶证、个人账户的系统账号（包含密码） |
| 个人车辆标识 | 车辆识别码、车牌号、行驶证 | — |
| 个人生物识别信息 | — | 个人基因、指纹、声纹、掌纹、耳廓、虹膜、面部特征等，数据能够识别或确定自然人的独特标识 |
| 个人财产信息 | — | 银行账号、鉴别信息（口令）、存款信息（包括资金数量、支付收款记录等）、房产信息、信贷记录、征信信息、交易和消费记录、流水记录等；虚拟货币、虚拟交易、游戏类兑换码等虚拟财产；风评记录、资产信息、信用记录 |
| 个人通信信息 | 短信、彩信、电子邮件以及个人通信的数据（元数据） | 通信记录和内容 |
| 联系人信息 | 电子邮箱地址列表 | 通讯录、好友列表、群组列表 |
| 个人应用操作信息 | 通过日志存储的个人信息主体操作记录，如应用或软件使用记录、点击记录、收藏列表 | 网站浏览记录 |

续表

| 分类 | 分级 | |
| --- | --- | --- |
| | 一般个人信息 | 敏感个人信息 |
| 个人常用设备信息 | 描述个人常用设备基本情况的信息，如硬件序列号、设备 MAC 地址、软件列表、唯一设备识别码 | — |
| 个人位置信息 | — | 行踪轨迹、精准定位信息、住宿信息、经纬度 |
| 其他信息 | — | 个人音频、视频、图像数据 |

注 1：直连通信范围较小且车辆持续移动，导致数据接收者难以持续获得车辆的行驶路线，车辆行踪泄露风险较低，因此，通过直连通信发送的车辆位置和车辆历史位置信息均可不视为敏感个人信息。

注 2：通过将标识车辆的信息（如标识和/或假名证书）频繁随机变化使直连通信范围内的数据接收者凭借自身资源和技术手段无法识别特定自然人，属于一种匿名化技术。

### 2.3.2 典型应用场景

智能网联汽车作为新型网络世界的重要智能终端，与云端服务器、移动端、车端、路侧端等设备涉及大量的数据交互，个人信息的使用场景贯穿智能网联汽车的整个数据生命周期，如果不进行有效管控，将带来较大的数据安全隐患。随着汽车智能化的推进，越来越多的安全事件涌入大众视野，涵盖驾乘画面非法曝光、大批量用户隐私泄露、车辆财产被盗等，影响单车驾乘安全，进而危及车主生命财产安全。整体来看，本节将从“云—管—端”三个层面，具体分析用户画像、远程 OTA 控制、“人车智能交互”、事件记录、自动驾驶等几个个人信息典型应用场景。

#### 2.3.2.1 云系统

前文对云系统进行了针对性介绍，其核心互联网数据云控平台集中存储了大量用户的静态信息以及行为信息，涉及用户基本信息甚至敏感信息的收集、存储与运用，并且云端控制进行远程 OTA 等操作，也涉及大量个人信息读取和交互。

（1）用户画像。在企业的云服务平台，进行“用户画像”是一种极为常见的运用个人信息进行数据分析的企业行为。用户画像是指在大数据及算法技术背景下，通过收集、分析用户基本信息及行为信息，进行标签化处理，形成用户模型。[①] 智能网联汽车相关企业在进行用户画像时，综合运用了用户的基本信息和行为信息。用户基本信息一般指静态信息，主要是比较固定的信息，包括用户姓名、出生年月、性别、居住地址、单位名称、手机号、电子邮箱、国家/地区、省份等；用户的行为信息一般指动态信息，主要是用户在进行车辆控制时的行为信息，包括车辆操控的习惯、常去地点位置信息、娱乐系统的操作习惯等。

智能网联汽车的用户画像建立在海量用户信息的收集上，而海量用户信息意味着信息处理者负有更大的责任，需承担更大的风险。目前，仍有部分车企在收集与使用用户信息时，并没有在显著位置发布有关用户隐私信息的声明，造成用户对其个人信息的处理和保护情况缺乏了解。有些车企在车辆运行时动态收集个人的行踪轨迹，这也会对用户敏感个人信息造成侵权风险。

（2）远程 OTA 控制。智能网联汽车渗透率的不断提高，加速了 OTA 技术的应用推进。OTA 的本质是通过技术实现软件更新，智能网联汽车与传统汽车的软件升级不同之处在于通过 OTA 技术，原始设备制造商（Original Equipment Manufacturer，OEM）可以不通过售

---

① 周莉．学术期刊用户画像个人信息保护：风险与规制——以《个人信息保护法》为视角［J］．武汉科技大学学报（社会科学版），2023，25（01）：95-99.

后服务中心，而是直接远程连接目标联网车辆，将软件更新推送至待升级的车辆。国家标准《汽车软件升级通用技术要求》（GB/T 44496—2024）中对软件升级（Software Update）的定义已经涵盖了远程软件升级（Software Over-The-Air，SOTA）、远程固件升级（Firmware Over-The-Air，FOTA）、远程配置（Configuration Over-The-Air，COTA）、远程诊断/远程数据更新（Data Over-The-Air，DOTA）及其他类型（XOTA）五种形式。

当前的一些 OTA 典型应用场景不可避免地收集、读取并使用大量的用户个人信息。例如，在利用 OTA 进行软件个性化定制的 COTA 中，可以通过用户的行为习惯及个人需求，完成怠速调整、车下启动/熄火、自动启停等参数的设置更新，并且在进行软件召回时，其也会读取、分析、诊断车辆的软件信息，其中就包含大量的用户个人信息。

此外，在云平台中还存储了大量的用户各类身份及行为信息，个人信息的大量存储增加了平台被攻击以及信息泄露的风险。

#### 2.3.2.2 管系统

智能网联汽车工作时的每个操作都涉及大量信息数据的交互，“管系统”是智能网联汽车个人信息流动的管道，其中涉及个人信息最为典型的应用便是“人车智能交互”功能。

人车的智能交互体验是智能网联汽车“新四化”的具体彰显，当前人车智能交互以智能座舱技术为核心，传统的人机交互方式有物理操控、触摸控制；新兴的交互热点范畴聚焦于语音交互、视觉交互、手势交互、生物识别方式。

智能座舱操作系统主要为车载信息娱乐服务以及车内人机交互提供控制平台，是汽车实现座舱智能化与多源信息融合的运行环境，当前的研究方向主要聚焦于提升车对人感知、理解与沟通能力的基础。智能座舱内对各类信息的采集是其发挥功能的重要基础，舱内有各式各样的传感器（如麦克风，摄像头等）采集用户特征、行为，产生大量数据，同时采集的大量个人信息也产生数据安全隐患。

#### 2.3.2.3 端系统

智能网联汽车车端及路侧端的相应设备可以直接对用户的个人信息进行采集与记录，车辆的自动驾驶以及事件记录都是此环节典型的信息应用场景，其中涉及大量的一般信息甚至敏感信息。例如，Zhou Lu 等①利用车辆的速度信息和环境信息（如实时交通和交通法规）能够间接推导出车辆的行驶轨迹。

（1）事件记录。国家标准《智能网联汽车 自动驾驶数据记录系统》（GB 44497—2024）对事件记录的相关描述为通过智能网联汽车自动驾驶车辆数据记录系统在自动驾驶运行过程中对车辆建立起完备的数据记录机制，对满足预定的触发条件的事件数据进行采集和存储，在遇到问题时通过读取这些事件数据，还原事件发生的情况及原因。

根据该标准的相关要求，智能网联汽车的车载设备上需要配备具有事件数据记录和自动驾驶数据存储功能的内外传感器，并且采集和记录的数据至少应包括驾驶自动化系统运行状态、驾驶员状态、行车环境信息、车辆控制信息等。其中收集并记录的内容涉及个人应用操作信息、位置信息等诸多用户信息。

（2）自动驾驶。智能网联汽车想要实现自动驾驶，需要集成大

① Zhou Lu, Du Suguo, Zhu Haojin, et al. Location privacy in usagebased automotive insurance: Attacks and countermeasures[J]. IEEE Transactions on Information Forensics and Security, 2018, 14(01): 196-211.

量的车载摄像头、激光雷达（LiDAR）、测速仪、全球定位系统（GPS）、车速传感器、超声波传感器、导航仪等各类传感器与先进技术，并且要进行灵敏准确的周围环境感知以及数据采集，如道路情况、附近车辆位置、速度及车辆内部的环境等。其中，摄像头、LiDAR 和 GPS 这 3 类传感器因为其功能、结构以及采集数据的关键性，在车联网安全中尤为重要。涉及这三者的安全事件经常受到广泛关注，如特斯拉汽车被曝出其内置高清摄像头一直在监控驾驶人和乘客，对于公民个人隐私和数据泄露的警惕引发舆论高度关注。①

其实，只要使用自动驾驶汽车，车内外多个传感器就会时刻采集各种数据。为了安全出行，自动驾驶车联网技术时刻在共享着车辆数据以及个人信息数据，随着智能网联和数字化程度越来越高，可以预见智能网联汽车同时收集和处理的信息将继续增加，那么也会导致以往智能终端存在的远程控制、数据窃取、信息欺骗等安全问题再次出现在智能网联汽车之上。

① 陶凤．车内的安全，车外的隐私［N］．北京商报，2021-04-09（002）．

# 3　智能网联汽车信息安全问题分析

本章先说明当前智能网联汽车的信息安全态势和主要面临的风险挑战；然后对环境数据、车辆数据、用户数据和操作数据等重点数据类型进行介绍；最后分析数据生命周期中存在的典型威胁场景，体现从全生命周期进行数据安全考量的重要性。

## 3.1　信息安全态势

### 3.1.1　安全威胁越发严重

随着产业发展与产品升级，在智能网联汽车渗透率不断提高的同时，威胁网络安全的知识及手段也在不断更新，使智能网联汽车面临攻击的频率和复杂程度随之提高。[①] 上游安全有限公司发布的《2024 年全球汽车网络安全报告》显示，[②] 相较于 2021 年和 2022

---

① 钟永超，杨波，杨浩男，等. 智能网联汽车安全综述［J］. 信息安全研究，2021，7（06）：558-565.

② Upstream Security. 2024 global automotive cybersecurity report [R/OL]. (2024-02-07) [2024-05-11]. https://upstream.auto/reports/global-automotive-cybersecurity-report.

年，2023 年造成“严重”或“大规模”影响（可能影响超过数千辆汽车）的智能网联汽车攻击事件数量之和激增了 2.5 倍，占比接近全部事件总数的 50%，如图 3-1 所示。相比之下，中低影响范围的攻击事件有所下降。根据近年来的实践案例及相关研究，智能网联汽车信息安全风险正呈现以下特点。

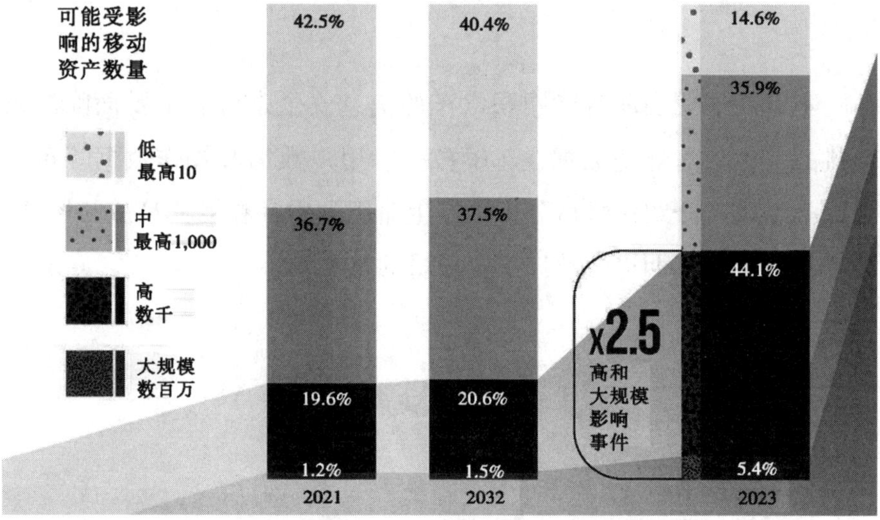


图 3-1　Upstream Security 统计的 2021—2023 年公开披露的汽车网络安全事件

3.1.1.1　汽车信息安全风险逐渐由物理接触式攻击转向远程攻击

传统的物理接触式攻击需要攻击者直接接触车辆或其相关设备，而远程攻击则在无须物理接触的情况下实现，使潜在的攻击者能够通过网络远程操控汽车系统。自 2010 年以来，通过互联网对车辆进行远程攻击的次数一直高于物理攻击，在 2023 年汽车行业网络安全事件中，远程攻击占比甚至达到 95%，这表明汽车信息安全风险正逐渐由物理接触式攻击演变为更为隐蔽的远程攻击。这一变化带来了更广泛的安全威胁，包括但不限于远程劫持、未经授权访问车辆系统和窃取车辆数据，甚至远程控车等。

3.1.1.2 后端攻击增多导致敏感数据泄露及控车风险增加

随着汽车网联化程度不断提高，远程信息处理服务器等后端系统在收集和管理与车辆状态、车辆位置、使用模式及驾驶员行为相关的大量敏感数据方面发挥着至关重要的作用。越来越多的智能化功能依赖后端系统提供服务，车辆与后端服务器间的业务交互频繁，增大了其漏洞利用的可能性以及网络攻击的潜在影响。此外，由于后端系统实现控制和数据访问方面可能关联多个车型、数百万辆车，因此更易吸引恶意威胁参与者的攻击。2023 年，汽车行业因后端服务器攻击导致的数据泄露事件显著增加，例如，丰田远程车载信息通信服务 T-Connect 数据泄露事件、日产汽车北美公司第三方服务商配置错误导致数据泄露事件①等。

3.1.1.3 汽车生态扩展和供应链延伸使单点安全风险的影响扩大

随着汽车生态不断扩展，供应链条不断延伸，联网车辆的不断增多，信息安全风险可能带来的影响范围逐渐扩大。汽车供应链条可能涉及不同国家和地区的供应商，同时，智能网联汽车本身依赖于大量的软件与电子系统，相关联网系统的复杂性及互联性扩大了潜在的攻击面。在此背景下，汽车信息安全风险的潜在影响范围变大。例如，2022 年 11 月，美国互联网车辆服务商 SiriusXM 爆出授权漏洞，② 攻击

① BillToulas. Nissan North America data breach caused by vendor-exposed database[EB/OL].（2023-01-17）[2024-11-05]. https://www.bleepingcomputer.com/news/security/nissan-north-america-data-breach-caused-by-vendor-exposed-database/.

② Emma Roth. Sirius XM flaw could've let hackers remotely unlock and start cars [EB/OL].（2022-12-04）[2024-11-05]. https://www.theverge.com/2022/12/3/23491259/sirius-xm-hack-remotely-unlock-start-cars.

者仅需知道车辆识别码即可远程解锁、启动、定位、闪烁和鸣笛，据统计，北美有超过 1000 万辆汽车使用 SiriusXM 的联网汽车服务，其中包括多个知名汽车品牌。

#### 3.1.1.4 关键车联网零部件功能升级引入更多安全风险点

在传统的安全风险基础上，技术发展和功能升级引入更多安全风险点，以远程无钥匙进入系统、远程信息处理系统和云服务、智能充电设施等为代表的新系统在智能网联汽车上的应用越来越广泛。例如，2023 年 3 月，法国安全研究团队在 Pwn2Own 年度黑客竞赛中演示入侵特斯拉 Model3。① 研究人员展示了两个独立的漏洞，其中一个涉及对特斯拉网关能源管理系统的攻击，使研究人员能够访问控制车辆安全组件的子系统；另一个通过蓝牙芯片组漏洞入侵车辆的信息娱乐系统，使研究人员能够获得对其他子系统的根访问权限，利用相关漏洞执行控车动作，如在汽车行驶时打开车辆的后备厢或车门等。

### 3.1.2 数据安全面临挑战

#### 3.1.2.1 车端信息安全风险

车端的信息安全风险主要来自车载信息娱乐系统（In-Vehicle Infotainment，IVI）、车载网联通信终端（Telematic BOX，T-BOX）、车载网关（Gateway，GW）等具有联网功能的智能终端模块，主要涉及车端协议、车载系统及硬件安全等。② 其攻击面涵盖了统一诊断

---

① Fred Lambert. Tesla gets hacked-winning the hackers $ 100,000 and a Model 3 [EB/OL]. (2023-03-24) [2024-11-05]. https://electrek.co/2023/03/24/tesla-hacked-winning-hackers-model-3/.

② 周建华，侯英哲，吕臣臣，等．智能网联汽车安全防护技术研究综述［J］. 武汉大学学报（理学版），2023，69（05）：617-635.

服务（Unified Diagnostic Services，UDS）/车载自动诊断系统（On-Board Diagnostics，OBD）、USB、CAN 总线和车载以太网等方面，主要包括 ECU 篡改、恶意软件更新、消息注入、总线关闭及密码攻击等攻击方式。

#### 3.1.2.2　管端信息安全风险

智能网联汽车网络传输层携带车端和云端的业务数据，涉及车内系统、车载网络和云端服务多个部分。管端的信息安全风险包括远程信息安全风险和中程信息安全风险两大类。一方面，攻击者可以 HTTPS、网络路由协议等远程通信为切入点，发起中间人攻击、消息篡改、重放攻击、窃听、消息注入攻击以及会话劫持等，带来远程信息安全风险。另一方面，通过短距离无线通信方式，包括蓝牙、无钥匙进入系统、Wi-Fi、近场通信（Near Field Communication，NFC）、自定义无线电、摄像头和雷达等，攻击者可以对车辆功能发起攻击，此类风险可归为中程信息安全风险。

#### 3.1.2.3　云端信息安全风险

智能网联汽车可以通过蜂窝网络或 Wi-Fi 开展车辆管理或远程信息处理服务，可以实现远程车辆控制、远程软件更新、人机交互以及远程娱乐和信息服务等功能，提高了车辆的智能性、便利性。但与此同时，车云交互的增多也将车载网络更多地暴露给外部攻击者。例如，攻击者可能尝试通过云服务接口访问车辆的控制接口，执行未经授权的操作，如启动发动机等；云服务可能成为黑客植入恶意软件的目标，通过入侵云端系统，攻击者可能试图将恶意代码传播到车辆系统中，危及车辆的稳定性和安全性。

目前，智能网联汽车云端信息安全风险主要来自 Web 应用安全、中间件安全、移动安全、云服务安全和数据库安全等，相关安全风险主要有 SQL 注入、跨站点脚本（XSS）、跨站请求伪造（Cross-Site Request Forgery，CSRF）、不安全的通信、不安全的身份验证、不安全的授权、不安全的数据存储和代码篡改等。

#### 3.1.2.4 其他关联生态

随着智能网联汽车交互功能的逐渐增多，汽车其他关联生态也从手机端 App 等扩展到智能充电设施、路侧网联设备等，相关生态接口给汽车引入新的安全风险。其中，手机端 App 作为车辆控制的终端，一旦相关风险被恶意利用，极有可能对车辆安全运行造成影响。智能汽车的手机端 App 常见的安全风险包括 SQL 注入、Root、代理环境、反编译、模拟器攻击、验证码爆破风险、系统 API Hook、二次打包、通信、密码爆破、共享对象（so）文件、签名校验、动态调试、进程注入、数据明文存储、Logcat 日志、任意文件上传、XSS 漏洞等。

## 3.2 车载数据的类型

### 3.2.1 环境数据

目前，智能网联汽车环境感知主要通过一般车载传感器、感知传感器和高精度地图等技术手段实现。基于以上技术，智能网联汽车能够感知的环境数据主要包括行驶路径、周边物体、驾驶状态、驾驶环境四部分（如图 3-2 所示）。

图 3-2 智能网联汽车环境感知

#### 3.2.1.1 行驶路径感知

对于结构化道路，行驶路径感知包括车道线、道路边缘、道路隔离物的识别；对于非结构化道路，行驶路径感知包括车辆行驶前方路面环境状况的识别和可行驶路径的确认。其中，车道、道路边缘、道路标示线、道路隔离物的位置、特征等均为静态信息，可以通过高精度地图或车载摄像头进行信息获取。

#### 3.2.1.2 周边物体感知

周边物体包括静态物体与动态物体。静态物体主要包括交通标志、交通信号灯、静态障碍物等；动态物体主要包括车辆、行人/动物、动态障碍物等。

#### 3.2.1.3 驾驶状态感知

驾驶状态感知主要包括驾驶员精神状态、车辆自身行驶状态的感知。驾驶员精神状态主要通过车辆内部摄像头对驾驶员面部状态、眼睛的开合频率进行数据采集，从而进行判断；车辆自身行驶状态主要通过车辆自身装备的车载传感器进行感知。

#### 3.2.1.4 驾驶环境感知

驾驶环境感知主要包括路面状况（路面材料、路面凸起或坑洞、结冰等）、道路状况（拥堵、事故、施工、管制等）、天气状况（风、雪、雨、雾等）的识别，其中，部分路面状况可以通过车载摄像头的图像识别技术以及车辆本身装备的压力、摩擦力传感器进行信息采集和自主感知，道路状况和天气状况仅靠自主化车辆感知难以实现。

### 3.2.2 车辆数据

车辆数据主要包括基本数据和运行数据。

#### 3.2.2.1 基本数据

车辆基本数据包括车辆标识数据，如汽车号牌、车辆识别码、车辆厂商、商标、品牌、车辆产品型号等；车辆属性数据，如车辆外廓尺寸、传动比、轴距、轮距等；车辆核心零部件标识数据，如车载传感器、域控制器、EDR、DSSAD 软硬件型号、版本号；车辆鉴别数据，如密码和证书等。

#### 3.2.2.2 运行数据

智能网联汽车涉及的运行数据是车辆在运行工况下的状态数据和车辆行驶过程中生成的各种数据，这些数据可以帮助车辆系统实时监测车辆状态、诊断问题、增强驾驶安全性和提供更智能的驾驶体验，包括车辆速度、加速度、制动情况、车辆位置、转向状态等信息，用于实时监测和控制车辆的行驶情况。

### 3.2.3 用户数据

用户数据主要包括用户生物数据、用户身份数据与用户使用习惯等。

3.2.3.1 用户生物数据

为了解决用户的账户与密码管理繁杂问题，生物特征识别技术因其独特的特点被研究并应用于个人身份认证。生物特征识别技术开发于20世纪60年代初期，其在弥补酒店安全系统的漏洞方面发挥了重要的作用，与传统技术相比，生物特征识别技术可以消除用户身份识别过程中许多烦琐的步骤，普遍认为生物特征识别技术在便利性和安全性方面具有优势，如果使用得当，可以在提高操作效率的同时确保用户信息的隐私和安全。生物特征识别信息包括个人基因、指纹、声纹、掌纹、耳廓、虹膜、面部特征等能够识别或确定自然人的独特标识。每个人都有属于自己的一套独特的生物特征，可以确保其身份的有效性，生物特征识别系统在人和技术之间创建了独特的亲密关系。

3.2.3.2 用户身份数据

用户身份数据包括车辆用户的基本信息和社会信息等。一些智能网联汽车系统可能要求用户创建账户并登录，以便使用特定的功能和服务，如远程控制、车载应用商店等。在注册和登录过程中，用户可能需要提供一些个人信息，如姓名、出生日期、电子邮件地址、电话号码和住址等。通过串联这些信息，车企能够刻画出完整的用户画像，从而精准识别不同用户群体并提供定制化服务，但这种信息的收集与分析也会引发对安全性和隐私保护的担忧。

3.2.3.3 用户使用习惯

智能网联汽车通常会要求用户进行个性化配置，包括设置驾驶时的座椅、方向盘位置、收藏的地点、偏好的音乐等。这些配置信息可以帮助汽车系统提供更加个性化的驾驶体验，但如果处理不当，也可能会引发对个人隐私泄露的担忧。

### 3.2.4 操作数据

操作数据涵盖了车辆的各种操作和控制信息，这些数据可以帮助车辆系统监测车辆状态、驾驶行为，并作出相应的响应和调整。

#### 3.2.4.1 车辆驾驶数据

车辆驾驶数据记录了驾驶员对车辆各项控制操作的数据和驾驶特征，包括油门、制动、转向、挡位、换道等操作信息。这些数据可以帮助车辆系统了解驾驶员的意图和行为，评估驾驶员的习惯及行为特征，作出相应的响应并提供个性化的驾驶建议或驾驶行为分析。

#### 3.2.4.2 驾驶辅助系统数据

智能网联汽车通常配备了各种驾驶辅助系统，如自动驾驶辅助、车道保持辅助、自适应巡航控制等。这些系统会获取车辆的运行状态，用于实现自动化驾驶和智能辅助功能。同时，在发生如碰撞、急加速、急刹车等异常情况时，驾驶辅助系统会记录数据用于事故诊断、事故重现和车辆安全监测。

#### 3.2.4.3 互联操作数据

智能网联汽车通常具备与外部网络和云服务的互联功能，如智能导航、远程控制、娱乐应用、车辆诊断等（如图 3-3 所示）。互联操作数据包括用户对网络服务的访问、应用的使用情况、远程控制操作，有利于更好地学习用户使用习惯，实现个性化的设置和用户体验。

图 3-3 智能网联汽车互联操作行为

## 3.3 智能网联汽车的数据特征

### 3.3.1 数据的多样性

从上节不难看出，智能网联汽车中存储着多种类型的数据。从车内的角度看，涉及驾驶员和乘客的用户数据（如姓名、身份证号码、电话号码等基础信息，面容、声纹等生物数据和驾驶习惯等），以及汽车参数（如车型、车架号等基础数据和速度、位置等运行数据）等。从车外的角度看，主要有环境感知数据（如行人、路况等）、地图定位数据（如卫星定位、海拔高度等）、交通基础设施数据（如交通信号灯状态、交通指示牌等）、车辆网通信数据（如其他车辆的速度、方向、位置等）等。

### 3.3.2　数据的规模性

车联网数据融合了来自汽车、道路、天气、用户、智能计算系统等多方面的海量数据，涉及数据类型多，规模大，涉及众多数据处理主体，如智能网联汽车生产企业、车联网服务平台运营企业等，并且随着用户的增加，数据规模呈指数级增长态势，需要统计分析应用的数据总量大。[①]

### 3.3.3　数据的非结构性

车联网技术下大量的数据通过车辆内置和外挂的设备不断生成，各汽车生产企业、零部件商对数据规范定义上存在差异，且缺乏统一的标准，导致车联网平台之间的数据无法有效同步。这种数据的非结构性和非标准性对数据聚合或拆分技术以及权限管理和安全存储都提出了巨大的挑战。

### 3.3.4　数据的流动性

大量相关主体如智能网联汽车生产企业、车联网服务平台运营企业等都会参与车联网数据的处理，海量数据在用户端、车端、云端等多场景的交互使数据的流动性增大。这种流动性能够促进数据的实时传输与共享，从而支持自动驾驶、车队管理、个性化服务等多种应用场景的优化。然而，数据在不同主体和系统间的高频流动也给隐私保护与数据安全带来了挑战。为确保数据在流动过程中安全可控，必须加强加密、访问控制等安全措施，并统一数据标准，

① 毕马威中国，观韬中茂律师事务所. 车联网数据安全监管制度研究报告[R]. 上海：毕马威中国，2022.

保证各方高效合作。

### 3.3.5 数据的涉密性

智能网联汽车在运行、服务和测试过程中对车辆及周边道路设施等进行的空间坐标、实景影像等地理信息数据的测绘应依据《中华人民共和国测绘法》有关规定进行，特别是当测绘结果涉及国家秘密时，需要按照《中华人民共和国保守国家秘密法》中的相关规定进行分级管理。此外，车联网中的一部分数据可能会涉及《中华人民共和国数据安全法》体系下的重要数据甚至核心数据的范畴，一旦未经授权披露、丢失、滥用、篡改或销毁，或汇聚、整合、分析后，可能造成影响国家安全、公共安全等的严重后果。

## 3.4 数据生命周期典型威胁

### 3.4.1 数据采集阶段典型威胁

数据采集是指通过各种技术与工具，从不同来源获取和收集数据的过程。具体到智能网联汽车领域，典型场景包括在日常行驶过程中或通过重要敏感区域时，通过摄像头从汽车外部环境采集车牌信息、交通参与者人脸信息、车流量等车外数据；智能网联汽车在日常充电过程中，采集汽车充电网的运行数据等。

在数据采集阶段，车联网数据安全面临的威胁主要来源于因过度采集引起的隐私泄露，以及由于采集设备故障或安全机制缺陷导致的数据投毒。现阶段车联网产业对数据需求量巨大，遍布智能网联汽车的摄像头、雷达等传感器和智能网联汽车相关的 App，在智能汽车运行中可以不停地采集车内车外的各种数据，包括用户数据、车辆数据、位置数据、路况数据、业务数据和第三方数据等。由于采集的数据种类繁多、采集方式多样、采集主体不一，且车联网数据采集存在监管手段不完善、审核机制不健全等问题，容易造成在用户不知情以及车辆自身功能不必要的情况下，过度采集用户和环境信息，造成用户敏感信息泄露、信息被非法利用的风险。而道路网数据、导航数据、环境影像等具有地图测绘属性的数据被大量收集和泄露，甚至可能危及国家安全。①

采集设备故障或安全机制缺陷则会导致数据被污染和伪造。例如，黑客可以通过将带有特殊标签（后门触发器）的“停车”标志图像插入训练集中并标记为“速度限制”以在路标识别模型中生成后门。该模型虽然可以正确地分类正常街道标志，但会对拥有后门触发器的恶意停车标志产生错误的分类。因此，执行此攻击后，攻击者可以通过贴标签来欺骗模型，将任意停车标志归类为速度限制，从而给智能网联汽车带来严重的安全隐患。

### 3.4.2　数据传输阶段典型威胁

数据传输是指数据以各类技术手段在不同的存储介质之间的传送。在这一阶段，车联网数据安全所面临的威胁可分为内部传输威胁和外部传输威胁两部分。

内部传输威胁主要涉及车辆内部各个 ECU 和传感器之间的数据通信，以及车内网络与外部系统（如车载信息娱乐系统或诊断工具）的连接。OBD 接口、车内无线传感器、车载终端架构等是智能网联

---

① 张格，刘冬，马雨萌．车联网数据安全风险分析与应对［J］．中国信息安全，2021（07）：42-44.

汽车内部数据传输的主要威胁来源。由于 OBD 接口与汽车总线相连接，总线上传输的数据很容易受到监听和被伪造，攻击者可通过 OBD 接口伪造传感器数据来欺骗 ECU，从而达到改变汽车行为状态的恶意目的。车内无线传感器存在通信信息被窃听、中断、注入等潜在威胁，攻击者甚至可以通过干扰传感器通信设备引发无人驾驶汽车偏行、紧急停车等危险动作。车载终端的网络架构环境虽然相对封闭，但 CAN 总线、LIN 总线、胎压监测系统、短距离通信设备等均可成为被攻击的缺口，如 CAN 总线上传输数据时大部分仅采取极少或没有采取任何安全措施，造成总线数据可较为容易地被分析、破解和修改，从而对整车功能和安全造成不良影响。

外部传输威胁主要涉及车辆与外部网络、云服务平台、其他车辆或基础设施之间的数据交换，在智能网联汽车中，广泛存在的通信接口使外部传输更容易成为攻击的目标。当通过 Wi-Fi、移动通信网（如 3G/4G/5G）以及专用短程通信技术等无线手段与其他车辆、交通专网、互联网进行连接和外部数据传输时，面临的威胁场景主要包括以下三个方面：

（1）当未采取有效身份认证手段时，攻击者可通过使用伪基站、身份伪造、动态劫持等方式冒充合法参与者，参与 V2X 通信，监听通信信息。

（2）当车辆通信信息未经加密或只经过弱加密时，会引发通信信息被窃取、破坏和篡改等风险。

（3）当传输协议链路层通信未加密时，可以通过抓取链路层标识实现具体车辆的定位，进行跟踪；在自动驾驶情况下，汽车按照 V2X 通信内容制定行驶路线，攻击者可通过伪消息诱导车辆产生误判，进而影响车辆正常控制，引发交通事故。

此外，在破解协议的基础上，结合会话劫持，攻击者可以基于中间人伪造等手段实施对汽车动力系统的非法控制。

### 3.4.3 数据存储阶段典型威胁

数据存储是指数据处理者使用服务器或者其他存储介质来保存数据的行为。在这一阶段，智能网联汽车面临的主要威胁场景包括以下五个方面：

（1）未授权访问。智能网联汽车存储了大量敏感数据，如驾驶记录、用户个人信息、车辆位置等。如果系统的访问控制不严格，攻击者可能通过黑客攻击、物理访问或利用系统漏洞获得未授权权限，从而访问或盗取这些数据。这种未授权访问不仅可能侵犯用户隐私，还可能导致车辆系统的安全性受到威胁。

（2）数据窃取。攻击者可能通过网络入侵、物理接入或植入恶意软件等手段窃取存储在车辆中的数据。例如，通过入侵车辆的无线网络接口，攻击者可以获取车辆的传感器数据或用户的个人信息。这种数据窃取可能被用于不正当目的，如身份盗窃、位置追踪等。

（3）数据篡改。攻击者可能非法修改车辆存储的数据，如车辆状态信息、传感器读数等。这种篡改行为可能导致车辆系统作出错误的决策，影响驾驶安全。例如，篡改车辆的传感器数据可能导致自动驾驶系统作出错误的操作，从而引发交通事故。

（4）恶意软件感染。智能网联汽车可能会受到恶意软件的感染，这些软件可能会通过 OTA 更新或以其他方式进入系统。一旦感染，恶意软件就可以删除、篡改或加密存储数据，甚至控制车辆的部分功能。恶意软件的存在可能会影响车辆的安全性和可靠性，威胁驾驶员及乘客的安全。

（5）弱加密或未加密数据。如果存储的数据未加密或使用了较弱的加密算法，攻击者能够轻易截获并读取这些数据，尤其是在涉及车辆控制和用户隐私等高敏感数据时，一旦数据被攻击者解密，后果将非常严重。常见的情况包括车辆通信数据、历史位置数据、用户操作数据等没有受到足够强的加密保护。

此外，数据分级分类存储和隔离措施的缺失将会导致威胁发生时攻击者所能接触到的数据范围扩大，给数据存储带来更大的安全隐患。

### 3.4.4　数据处理阶段典型威胁

此处的数据处理指的是狭义上的处理，即数据处理者在对数据进行加工、计算、分析的基础上开展各类业务的行为。在这一阶段，主要面临着由于数据使用边界不清晰导致的数据被非授权获取的风险，以及由于缺乏有效管控、权责不明确导致的数据被滥用的风险等。智能网联汽车在数据处理过程中涉及的多个主体和环节，使智能网联汽车相关数据使用边界不清晰，存在数据知悉范围扩大、重要敏感数据被非授权获取的风险。同时，智能网联汽车数据权责不明确，缺乏有效管控，容易导致数据被滥用。此外，在进行数据分析和数据挖掘时，存在相关数据融合造成的隐私泄露问题。

### 3.4.5　数据交换阶段典型威胁

数据交换是指车辆与外部系统或组织之间进行数据的双向传输，包括车辆将自身数据提供给其他组织或个人，以及从外部获取数据的过程。这一阶段的威胁主要由车辆向外提供数据不当和接收外界数据引入的风险造成。

向外提供数据不当可能会导致向外界提供错误的数据，或将不应提供的数据向外界泄露，如涉密的地理信息数据、个人生物识别信息、未经脱敏处理的敏感数据及超出外界需要的多余数据等，给数据安全造成损害。接口设计中的安全缺陷也有可能被滥用，造成数据泄露或数据被篡改。

接收外界数据时也可能引入额外的风险。不可靠的数据源会影响数据的准确性和完整性，干扰车辆的正常决策。外部数据中可能隐藏的恶意代码或软件会攻击车内系统，导致数据泄露或系统损坏。而外部数据格式或协议的不兼容也可能导致系统故障或性能下降。

同时，当数据交换涉及跨境传输时，应重视数据出境问题，遵守数据本地存储原则。在将必要数据提供给境外的组织或个人时，要依据相关法律法规进行严格审查和限制，避免因重要数据出境危害个人、组织甚至国家安全。

### 3.4.6 数据销毁阶段典型威胁

数据销毁也称数据删除，是指数据处理者以不可恢复的方式将数据从服务器或者其他存储介质上擦除的行为。在此阶段，典型威胁场景包括智能网联汽车存储的数据超出法定或者约定的存储期限和车辆所有权变动。

在数据销毁阶段，主要面临数据残留与数据泄露的问题。在进行车机数据销毁时，如果不彻底清除存储设备中的数据，可能会导致数据残留问题。即使进行了格式化或删除操作，仍然有可能通过专业的数据恢复工具或技术，恢复被删除的数据，从而导致敏感信息泄露。同时，在车机数据销毁过程中，如果采取不适当的措施，如未经加密的数据传输、未经授权的访问等，可能会导致数据泄露问题，使非授权的人员或恶意攻击者通过物理接入或远程攻击的方式访问车辆的存储设备，如汽车控制单元、车载娱乐系统等，从而获取敏感数据。

# 4　智能网联汽车面临的攻击风险

本章先从不同角度出发，对车辆面临的攻击分类进行介绍；然后根据不同攻击目标，按照信息安全的基本属性（可用性、保密性、完整性、可认证性）对应介绍典型的攻击手段，包括具体原理、应用场景和在智能网联车领域的具体风险；最后介绍针对自动驾驶算法攻击的新型技术手段。

## 4.1　攻击分类

在探讨智能网联汽车所面临的攻击风险时，理解各种攻击方式非常重要。对各种攻击方式进行分类和分析，对于建立有效的安全防护措施至关重要。各种攻击方式可以分为多个类别，通常根据攻击者与目标汽车之间的距离以及智能网联汽车在网联流程中被攻击者选择攻击的对象来进行分类，简称按照攻击距离和攻击对象分类。

### 4.1.1　按攻击距离分类

攻击距离是攻击者选择攻击方式的一项重要参考依据。攻击距离是指攻击者发出攻击的所在位置与被攻击的目标汽车之间的物理空间距离。通常，我们将攻击距离分为直接接触、短距离和远距离

（如图 4-1 所示）。

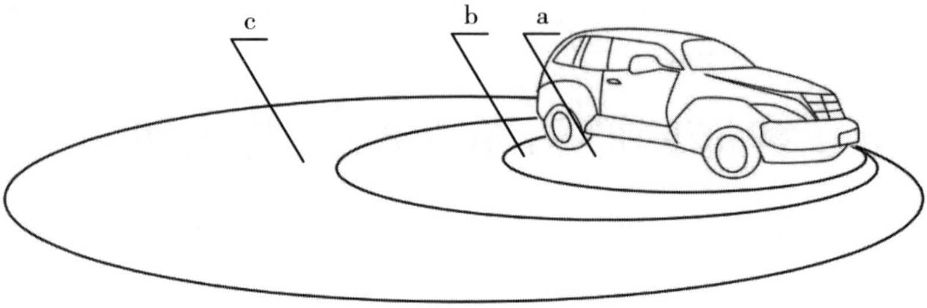


a. 直接接触；b. 短距离；c. 远距离

**图 4-1　攻击距离示例**

根据攻击距离的不同，我们可以将攻击方式细分为三种主要类型：间接物理攻击、短距离无线攻击和远程无线攻击。每种类型的攻击方式利用了不同的技术手段和工具，针对汽车系统的脆弱点，实施程度和方法各不相同。通过这种分类，我们可以更清晰地了解不同攻击方式的特点及其可能的影响范围，从而更有效地制定防御策略。

间接物理攻击是攻击面最普遍的攻击方式，这类攻击需要攻击者直接接触汽车或其相关设备，通常对与这些攻击面进行交互的设备、媒介进行攻击。通常，攻击者通过接触汽车的诊断接口（如 OBD-II 接口）或其他物理接口，植入恶意软件或硬件装置，从而实现对汽车系统的控制。OBD 在线诊断接口是汽车上最重要的一个物理接口，通过接口可读取汽车的运行状态数据、进行主动测试等功能，但是，攻击者也可以通过这个接口直接访问车内 CAN 总线进而完全控制其物理功能并造成威胁。同时，有些 OBD 设备可通过 4G 网络与服务器通信，或者利用蓝牙或 Wi-Fi 技术与手机通信进而通过手机将数据上传至服务器。这些链路如果被攻击同样会使攻击者获得 OBD 权限，进而对汽车造成危害。

短距离无线攻击是指攻击者通过近距离无线通信技术，如蓝牙、Wi-Fi、无线智能钥匙、射频识别（Radio Frequency Identification，RFID）、胎压管理系统等，对汽车系统进行攻击。短距离无线攻击要更加灵活，对比操作复杂、无法控制攻击时间的间接物理攻击更具威胁性。攻击者可以利用相应的有效设备在汽车附近收发数据，拦截或篡改无线通信信号，利用漏洞进入汽车的内部网络，执行诸如解锁车门、启动引擎、控制娱乐系统等操作。这种攻击方式利用无线信号的便利性和普遍性，往往在不知不觉中对车辆造成危害。

远程无线攻击是指攻击者通过互联网、蜂窝通信网络、卫星、数字广播等公用的通信链路，或远程协助系统及远程控制系统等专用通信链路，从远程位置对汽车系统实施攻击。攻击者可以利用车辆与云端服务的通信链路进行攻击，侵入车辆的控制系统或用户数据存储系统。这类攻击不需要攻击者与目标车辆处于同一物理位置，因而更加隐蔽且危害更大。例如，通过劫持车辆的远程更新功能，攻击者可以远程上传恶意固件，操控车辆的各种功能。

### 4.1.2　按攻击对象分类

攻击对象也是攻击者选择攻击方式的一项重要参考依据。攻击对象是指攻击者在发动攻击时选择的目标。通常，我们将攻击对象分为车辆本身、通信链路和云服务平台，如图 4-2 所示。

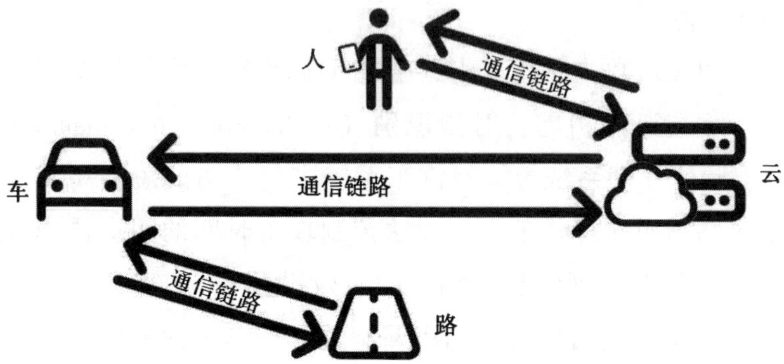


图 4-2　智能网联汽车常见通信链路示例

根据攻击对象的不同，我们可以将攻击方式细分为三种主要类型：对智能网联车辆本身的攻击、对车联网通信链路的攻击和对车联网云服务平台的攻击。针对智能网联车辆本身的攻击通常需要物理接触或者近距离无线通信，攻击者试图直接渗透车辆内部系统以实施恶意操作。而针对车联网中人、车、路、云之间的通信链路和车联网云服务平台的攻击则更多地涉及远程入侵和数据传输，攻击者试图利用网络漏洞或欺诈手段来获取敏感信息或操控车辆。通过这种分类，我们能够更有针对性地设计和部署安全措施，以应对不同类型的安全威胁。

对智能网联车辆本身的攻击是攻击者采用的主要攻击方式，智能网联车辆本身是攻击者的首要攻击目标之一。攻击者可能试图通过直接渗透和控制车辆的内部系统，操控车辆的控制单元、传感器、通信模块和操作系统等来实施各种恶意行为。同时，攻击者可能利用软件漏洞或硬件后门，获取对车辆的完全控制权。常见的攻击方法包括发动机控制单元攻击、刹车系统干扰以及对信息娱乐系统的篡改。这类攻击的后果可能包括车辆失控、功能失效或者被远程操控，对乘客安全构成直接威胁。此外，攻击者还可能针对车辆内部网络进行攻击，以获取敏感信息或干扰车辆正常运行。常见的攻击方式包括入侵车辆的 CAN 总线，篡改传感器数据，误导车辆的控制系统，导致车辆作出错误的决策。另外，攻击者还可以通过远程入侵车辆的无线通信系统，如蓝牙、Wi-Fi 或车载通信模块，来获取对车辆的控制权限或窃取车辆内部数据。

对车联网中人、车、路、云之间通信链路的攻击也是攻击者采用的攻击方式之一。车联网系统依赖于人与云、车与路以及车与云服务之间的通信，攻击者可以拦截通信，干扰或篡改这些通信链路，来窃取敏感数据，或者伪造信号指令控制车辆，诱导车辆作出错误反应，导致路面交通混乱。此外，攻击者还可能利用通信协议的漏洞进行攻击，如中间人攻击或重播攻击，这类攻击不仅影响单一车辆，还可能对整个车辆网络的稳定性和安全性造成威胁。另外，攻击者也可以使用拒绝服务（Denial of Service，DoS）攻击，以阻止车辆与云端服务的正常通信，或者伪造虚假信息，误导车辆驾驶员作出危险的决策。

对车联网云服务平台的攻击是攻击者经常采用的攻击方式之一。车联网云服务平台负责管理和处理大量车辆数据，并提供各种服务支持。攻击者可以直接针对云服务平台发动攻击，破坏其正常运行、窃取用户数据或通过云服务平台向车辆植入恶意软件。这种攻击影响范围广，会导致大规模的数据泄露或服务中断，对整个车联网生态系统的整体安全构成威胁。攻击者可能利用分布式拒绝服务（Distributed Denial of Service，DDoS）攻击、数据库注入、身份伪造等，来对云服务平台进行攻击，破坏其正常运行或者获取非法利益。

# 4.2 典型攻击手段

## 4.2.1 针对可用性的攻击

可用性是指系统、服务或数据在任何需要时能够被授权用户正常访问和使用的能力，即在系统运行时能正确存取所需信息，当系统遭受攻击或破坏时，能迅速恢复并投入使用。可用性是衡量网络信息系统面向用户的一种安全性能。针对可用性的攻击主要是通过各种手段干扰或阻止系统、网络、服务或应用程序的正常运行，从而影响其可用性。

### 4.2.1.1 拒绝服务（DoS）攻击

DoS 攻击是指阻止或拒绝合法使用者存取网络服务器，将大量的非法申请封包传送给指定的目标主机，其目的是完全消耗目标主机资源，使计算机或网络无法提供正常的服务。

DoS 攻击有两种变体：一是“洪水”（Flood）。即 DoS 攻击利用这样一个事实，当传入请求过多时，服务器缓冲区无法处理数据包从而导致服务降级或流量被拒绝。二是“崩溃”（Crash）。即 DoS 攻击会构造破损的数据包或请求，利用目标系统中的漏洞，导致其崩溃或失败。

在自动驾驶领域，攻击者通过发送大量请求使车载系统或网络瘫痪，导致正常服务不可用。

### 4.2.1.2 分布式拒绝服务（DDoS）攻击

DDoS 攻击是 DoS 攻击的演进版本。这种类型的攻击通常被攻击者用作烟幕，分散安全团队的精力和注意力，而在后台，攻击者会渗透组织的网络。

DDoS 攻击多由大规模僵尸网络造成，这些僵尸网络由攻击者在数千甚至数百万计算系统上安装恶意软件创建而成。这些系统可能小到最终用户设备、大到物联网（IoT）设备或更大的实体（如服务器或任何其他互联网连接系统）。所有设备都被“聚集”到一个机器人网络中，由操作、命令和控制（C&C）服务器的攻击者集中控制。

DDoS 攻击针对互联网协议体系结构的特定特征。攻击者最常使用的一种技术就是 IP 欺骗，其中攻击者使用欺诈性的原始 IP 地址发送数据包，使流量看起来合法，从而使其难以检测、跟踪和阻止。

在自动驾驶领域，多指利用多台僵尸计算机对目标系统发动集中攻击，其中存在以下风险场景：

（1）车辆控制失效。ICVs 依赖车载计算机系统和 V2X 通信进行导航、避障和自动驾驶。DDoS 攻击可以导致这些系统过载，影响车辆的实时控制，可能引发交通事故。

（2）交通信号系统瘫痪。智能交通系统包括道路交通信号灯和路侧单元（RSU）。DDoS 攻击可以使这些系统无法正常工作，导致交通信号混乱，增加交通事故的风险、导致交通堵塞。

（3）通信中断。ICVs 需要与其他车辆和基础设施进行实时通信。DDoS 攻击可以中断这种通信，导致车辆无法获取必要的交通信息和指令，影响其正常运行。

（4）紧急服务干扰。紧急车辆（如救护车、消防车）依赖 V2X 通信优先通行。DDoS 攻击可能导致这些通信渠道堵塞，延误紧急响应时间，危及生命安全。

（5）隐私和数据安全威胁。攻击者通过 DDoS 攻击可以获取车辆的敏感数据，如位置信息、行驶路线等，威胁驾驶员和乘客的隐私安全。

#### 4.2.1.3 经济可持续拒绝服务（EDoS）攻击

EDos 攻击是针对云环境的网络安全威胁。[①] EDoS 攻击利用云的弹性，特别是自动扩展功能，夸大云用户的账单，直到账户破产或大规模退出服务。

EDOS 攻击利用云的规模经济来破坏或中断支持应用程序、系统和企业网络的云服务及基础设施的可用性。它通常涉及秘密发送虚假请求的远程控制机器人。如果这些请求绕过安全控制，云服务会提供额外的资源并向云用户收费。

自动驾驶领域内的风险主要集中在增加计算和数据处理成本、消耗带宽和通信资源、增大存储需求、提高能耗、干扰系统更新和维护、造成经济损失和运营中断，以及引发法律责任问题、损毁公司声誉等。

### 4.2.2 针对保密性的攻击

保密性是指信息按给定要求不泄露给非授权的个人、实体，即杜绝有用信息泄露给非授权个人或实体，强调有用信息只被授权对象使用的特征。针对保密性的攻击通常旨在绕过或破坏系统的安全机制，使攻击者能够访问、窃取或泄露本应受到保护的数据。

#### 4.2.2.1 基于车载通信模块信息泄露的远程劫持攻击

攻击者通过劫持车载通信模块，窃取或篡改车内通信数据，从

① 嘶吼 RoarTalk. 经济可持续拒绝攻击（EDoS）：云上战斗已打响[EB/OL]. (2022-04-15)[2024-05-11]. https://m.163.com/dy/article/H50C7VJN0511CJ6O.html.

而获取车辆的敏感信息，如位置、驾驶习惯等。一般而言，这种远程劫持攻击是通过 TCU 的调试接口或者存储模块获取接入点名（Access Point Name，APN）的联网信息和内容服务提供商（Telematics Service Provider，TSP）的日志信息，然后通过连接 ESIM 模块与车厂的 TSP 服务器进行通信。

（1）攻击路径与方法。第一，信息泄露途径。漏洞利用：攻击者利用车载通信模块中的软件漏洞，获取未经授权的访问权限。恶意软件：通过物理接触或远程下载恶意软件到车载通信模块，窃取敏感信息。不安全通信：通过拦截不安全的无线通信（如未加密的 Wi-Fi 或蓝牙连接），获取车辆通信数据。社会工程学：通过钓鱼或其他社会工程学手段，诱骗车主或维护人员泄露访问凭证或其他敏感信息。第二，远程劫持攻击的步骤。信息收集：攻击者获取车载通信模块的 IP 地址、通信协议、凭证等敏感信息。漏洞扫描：利用已知漏洞扫描工具，确定车载通信模块的弱点。攻击实施：远程代码执行，通过漏洞或恶意软件，在车载通信模块上执行恶意代码。命令与控制：建立与受害车辆的持续通信，发送远程指令控制车辆行为。

（2）可能的攻击影响。第一，车辆功能失控。刹车系统：攻击者可以控制刹车系统，使车辆无法正常刹车或突然刹车。转向系统：远程操控转向系统，导致车辆偏离正常行驶路线。引擎控制：启停引擎或调整引擎输出，影响车辆性能。第二，信息泄露。隐私数据：获取车辆行驶记录、位置数据、车主信息等，侵犯隐私。车联网数据：窃取 V2X 通信数据，干扰交通管理系统。

目前，中国国内大部分自主品牌汽车使用私有 APN 连接车控相关的 TSP 后端服务器。部分车企尝试通过 ISP 拉专线在一定程度上保护后端服务器的安全，与此同时也给后端服务器带来了更多的安全风险。

具体原理为 APN 是运营商给厂商建立的一条专有网络，作为专网，安全级别很高，绕过了网络侧的防火墙和入侵检测系统的防护，直接接入车厂的核心交换机上。如果黑客通过私有 APN 网络成功渗透到车厂的内部网络，则可实施进一步的渗透攻击，实现远程批量控制汽车。

由于私有 APN 的存在，TSP 虽然不会暴露于公网内，但导致 TSP 的安全人员忽视了私有网络和 TSP 本身的安全问题，同时私有网络内没有设置严格的安全访问控制，过度信任 T-BOX，导致 T-BOX 可以任意访问私有网络内部资产。

同时，很多不必要的基础设施服务也暴露于 APN 私网内，将引发更多安全风险。因此，一旦黑客获取智能汽车的 T-BOX 通信模块，即可通过该模块接入车厂私有网络，进而攻击车厂内网，导致 TSP 沦陷。

#### 4.2.2.2 嗅探攻击

嗅探攻击是对汽车 CAN 总线数据分组、网络数据分组或蓝牙数据分组的一种拦截分析方式。在嗅探攻击下，汽车设备之间的通信可能被窃听，甚至数据被篡改。由于汽车 CAN 总线中的数据是以广播的形式传播的，嗅探攻击是 CAN 总线攻击方式中使用最普遍、最有效的攻击方法。在智能网联汽车应用场景中，攻击者通过监听车载网络通信，捕获并分析数据包，获取其中的敏感信息。

（1）嗅探攻击的目标和影响。一是窃取敏感信息。攻击者可以捕获并分析车辆发送和接收的数据包，从中提取敏感信息，如 GPS 位置、驾驶行为数据、车辆诊断信息等。二是监控驾驶行为。通过持续监听车辆的通信数据，攻击者可以构建车辆的行为模式和行驶路线，进行跟踪或监视。三是准备进一步攻击。嗅探攻击可以作为其他攻击（如中间人攻击、数据注入攻击）的前期准备，通过获取网络结构和通信协议的信息，为实施更具破坏性的攻击打基础。

（2）典型的攻击场景。一是无线通信嗅探。攻击者使用无线捕获设备监听车辆的 V2V 或 V2I 通信，从中获取车辆间传递的控制命令和状态信息。二是车内网络嗅探。通过物理接触车辆内部网络（如 CAN 总线），捕获和分析车内各 ECU 之间的通信数据，获取车辆的运行状态和控制指令。三是公共 Wi-Fi 嗅探。在车辆连接公共 Wi-Fi 网络时，攻击者可以通过嗅探无线网络流量，获取车辆与外部服务器之间传输的数据。

#### 4.2.2.3 侧信道攻击

侧信道攻击（Side Channel Attack，SCA）是基于目标设备的物理信息（电流、电压、电磁辐射、执行时间、温度等）与保密信息之间的依赖关系，实现对保密信息的获取。这种攻击方式对加密设备造成了严重威胁，如通过映射内部云基础设施，使虚拟机（Virtual Machine，VM）与目标机共存，从而实现跨 VM 的侧信道攻击，成功提取同一目标 VM 上的数据信息。在智能网联汽车领域，攻击者利用车载系统的电磁辐射、声波等物理信号，通过非侵入性手段获取系统内部的敏感信息。

（1）常见的侧信道信息。电磁辐射：系统在运行过程中产生的电磁波。功耗：系统在执行不同操作时的电力消耗。时间延迟：不同操作或计算产生的时间差异。声波：系统运行时发出的声音。

（2）侧信道攻击的目标和影响。密钥泄露：攻击者可以通过分析侧信道信息，推断加密算法中使用的密钥，从而破解加密通信。系统行为分析：通过观察系统的物理特性，攻击者可以了解系统内部的操作流程和行为模式，为进一步攻击提供信息。隐私泄露：通过侧信道信息，攻击者可以获取车辆的位置、行驶路线或其他隐私数据。

（3）典型的攻击场景。功耗分析攻击（Power Analysis Attack, PAA）：攻击者通过测量车辆 ECU 的功耗变化，推断加密算法的密钥。例如，差分功耗分析（Differential Power Analysis, DPA）可以通过多次测量和统计分析来破解密钥。电磁辐射攻击（Electromagnetic Emanation Attack）：攻击者通过捕获和分析车辆电子设备产生的电磁辐射，推断系统的内部状态或敏感数据。时间分析攻击（Timing Attack）：通过测量操作或计算的时间差异，攻击者可以推断加密算法中的密钥或其他敏感信息。

### 4.2.3 针对完整性的攻击

完整性是指信息在传输、交换、存储和处理过程保持非修改、非破坏和非丢失的特性，即保持信息原样性，使信息能正确生成、存储、传输，这是基本的安全特征。针对数据完整性的攻击旨在破坏或篡改系统中的数据，使其不再准确、完整。这类攻击可能导致数据被恶意修改、删除或插入，影响其可靠性。

#### 4.2.3.1 中间人攻击

中间人攻击（Man-In-The-Middle Attack, MITM）是一种针对通信链路的间接攻击方式，利用技术手段将攻击者置于通信链路中，如在车辆攻击中，攻击者通常先将自己置于 TSP 和 T-BOX 之间，然后以 MITM 身份与通信双方建立正常连接，实现对通信双方的数据欺骗。例如，亚马逊 EC2 的 Java 库及其云客户端易遭受 MITM 攻击；攻击者插入车载通信链路中，篡改或伪造通信数据，使车辆接收到错误的信息，主要有以下两个攻击场景。

（1）车辆与TSP之间的通信。在智能网联汽车中，T-BOX（车载终端）通常负责与TSP进行通信，传输车辆的数据和接收远程指令。攻击者可以将自己置于TSP和T-BOX之间，以MITM身份与通信双方建立正常连接。通过这种方式，攻击者可以截获敏感数据：获取车辆发送到TSP的私密信息，如位置信息、驾驶行为数据等；篡改指令：修改TSP发送给车辆的控制指令，从而操控车辆的某些功能（如远程解锁、启动车辆等）；伪造信息：向TSP发送虚假的车辆数据，导致TSP对车辆状态的误判。

（2）车载通信链路中的攻击。智能网联汽车依赖车内网络（如CAN总线）和外部通信（如V2V、V2I）进行数据交换。攻击者可以插入这些通信链路中进行MITM攻击。其中包括CAN总线攻击：通过物理接触车辆的CAN总线，攻击者可以拦截并篡改ECU之间的通信数据，进而操控车辆的行为。例如，攻击者可以发送虚假的刹车信号或发动机指令，导致车辆失控。V2V/V2I通信攻击：在车辆与其他车辆或基础设施之间的无线通信中，攻击者可以拦截并修改传输的数据，使车辆接收到错误的交通信息或导航指令，从而引发交通事故或混乱。

#### 4.2.3.2 数据注入攻击

数据注入攻击是一种网络攻击方式，攻击者通过向系统注入恶意或伪造的数据，试图操纵系统的行为或输出。在智能网联汽车系统中，这种攻击可能针对传感器数据、通信数据或控制指令。

（1）数据注入攻击的目标和影响。一是传感器数据。智能网联汽车依赖于多个传感器（如雷达、摄像头等）来感知周围环境。攻击者可以注入虚假的传感器数据，使汽车误判道路状况或周围物体，从而导致其作出错误的决策和反应。二是通信数据。智能网联汽车通过 V2V 和 V2I 通信进行信息交换。攻击者可以注入错误的通信数据，导致交通管理系统失效或引发交通事故。三是控制指令。攻击者通过注入恶意控制指令，可以直接操控车辆的行为，如加速、刹车或转向，从而危及乘客和其他道路使用者的安全。

（2）典型的攻击场景。一是 GPS 欺骗。攻击者通过发送虚假的 GPS 信号，诱导车辆误判其位置，可能导致车辆偏离道路或进入危险区域。二是传感器欺骗。通过向摄像头注入伪造的图像数据或向雷达注入虚假的距离信息，使车辆误以为前方有障碍物，迫使其紧急刹车。三是恶意软件注入。攻击者通过远程接入或物理接触车辆的中央控制系统，注入恶意软件，操控车辆的各种功能。

#### 4.2.3.3 传感器攻击

传感器攻击是指对车辆传感器进行干扰或篡改传感器数据，导致自动驾驶系统作出错误判断。具体分为以下三种：

（1）通过车载网络进行攻击，基本可以分为以下五步：攻击者渗透进入车联网内部；攻击者获取二维感知模块访问权限；通过二维感知模块进行多次查询生成对抗性扰动；攻击者将对抗性扰动注入摄像头中；成功攻击。

总的来说，通过车载网络进行攻击对攻击人员的要求高且实施较为困难，攻击的成本较高。另外，通过车载网络进行攻击十分有效且攻击的具体方法十分多样，但这种攻击的攻击路径较为单一，因此在防范时，只要能使攻击者无法通过攻击路径访问到二维感知模块的有关资料即可。

（2）通过卷积神经网络进行后门攻击。后门攻击指的是攻击者通过训练样本在二维感知网络中植入后门，使卷积神经网络在对目标进行识别时对于不带后门的样本能够正确识别。对于带有后门的样本误识别，具体可以分为以下四步：攻击者获取训练数据集的修改权限，并把植入后门的样本置入模型的待训练样本库中；攻击者等待卷积神经训练完成；攻击者在物理空间或是摄像头信号中植入对抗性扰动；成功攻击。

（3）通过摄像头拍摄的画面进行物理攻击，如使用强光照射摄像头，对待识别目标直接进行遮挡等。但这种直接攻击的方式目前存在于自动驾驶汽车的预期功能测试方案中，使直接通过强光或遮挡的方式进行攻击的效果不佳。攻击可以分为以下六步：攻击者获取二维感知网络的访问权限；攻击者通过扰动生成算法生成对抗性扰动；攻击者在物理世界重现对抗性扰动；摄像头捕获扰动后的待识别目标；攻击者攻击待识别网络；成功攻击。

### 4.2.4 针对可认证性的攻击

可认证性是指确保信息、数据或身份的真实性和可靠性，验证其来源和完整性。它涉及确认某个实体（如用户、系统、数据）是否为其声称的身份，并且确保传递的信息或数据没有被篡改。针对可认证性的攻击主要旨在伪造身份、冒充合法实体或篡改身份验证信息，从而绕过安全机制或获取未经授权的访问权限。

#### 4.2.4.1 针对车联网协同通信的伪造信息攻击

车联网协同通信通过车辆、行人、基础设施等实体之间的通信，实现位置、速度、交通信号等关键信息的及时共享，从而保证交通安全、提高道路通行效率。针对车联网协同通信的伪造信息攻击通过使参与车联网协同通信的实体接收虚假信息来干扰车辆、基础设施等实体的决策，从而影响交通流量、交通信号控制及其他智能交通系统的正常运行，危害交通安全。容易被伪造的信息主要包括：

（1）位置和速度信息。伪造的车辆位置和速度信息会制造虚假的交通流量状况，从而导致实际交通的混乱和拥堵。同时，这些伪造信息还可能导致自动驾驶系统误判，触发错误的避让或紧急制动决策，增加事故风险。

（2）紧急警告信息。伪造的紧急警告信息（如碰撞警告、事故警告）可能会使车辆作出不必要的紧急反应（如急刹车或避让），影响交通流畅；频繁的伪造警告信息也可能引起驾驶员的恐慌，进一步导致交通事故或混乱。

（3）路况和环境信息。自动驾驶系统依赖路况和环境信息进行路径规划，伪造这些信息可能影响系统选择不合适的路径，增加行程时间或燃油消耗；伪造的天气状况、道路施工等信息还可能导致车辆进入危险区域，增加事故风险。

（4）车队协同信息。在车队行驶中，伪造的协同信息（如车队成员位置、速度）可能导致车队解散或混乱，影响车队的整体效率和安全。

（5）信号优先信息。伪造的信号优先信息（如紧急车辆优先通过）可能使车辆获得不正当的通行优先权，导致正常交通秩序被打乱，影响其他车辆的通行。

在具体实施攻击时，女巫攻击（Sybil 攻击）是一种常用的手段。它通过伪造多个不同的虚假身份，在网络中进行恶意活动。在车联网协同通信系统中，Sybil 攻击可以伪造多个车辆、交通设施等虚假实体，并通过它们发送虚假的交通信息，导致真实车辆作出错误的行驶决策，影响交通流量和安全。

此外，证书复制、伪造数字签名等手段也会令伪造信息难以分辨，给车联网协同通信系统的安全带来风险隐患。

#### 4.2.4.2 恶意软件注入攻击

智能网联汽车往往能够通过车辆伴侣应用程序和第三方应用程序提供远程服务，允许车主方便地使用智能手机和设备控制关键功能。通过使用移动应用程序，用户可以追踪车辆位置、打开车门、启动引擎、打开辅助设备等，但提供给驾驶员数字体验的同一应用程序也可能被黑客利用来访问车辆和后端服务器。伴侣应用程序可能存在常见的软件漏洞，包括开源漏洞、硬编码凭证和API/后端服务器弱点。原始设备制造商的伴侣和智能移动应用程序也可能被用来实施身份盗窃，黑客可以利用移动设备和应用服务器中的漏洞，获得凭证并大规模侵害私人用户信息。

攻击者通过恶意软件注入攻击，可以达成以下目的：

（1）远程控制。恶意软件可以通过控制车辆电脑（Electronic Control Unit，ECU），获取对车辆的远程控制权限。这可能使攻击者能够远程操控车辆。例如，开关车门、启动或关闭发动机，甚至是控制车辆的加减速、转向的关键功能，干扰或关闭防抱死刹车、电子稳定控制等安全系统的运行，严重威胁车辆本身以及车内驾驶员和乘客的安全。

（2）数据窃取。恶意软件可以窃取车辆和驾驶员的敏感数据。例如，个人信息（如驾驶员的姓名、电话号码、地址等）、车辆数据（如行驶路线、GPS 位置、驾驶行为数据等）、支付信息（如车载支付系统中的信用卡信息、支付记录等）等。

（3）系统破坏。恶意软件可以破坏车辆的内部系统，导致系统崩溃：通过恶意代码使车辆的关键系统崩溃或无法正常工作，如发动机控制系统、制动系统等。数据损坏：篡改或删除车辆的关键数据，如诊断信息、行驶记录等，影响车辆的正常维护和使用。传播恶意代码：恶意软件可以在车内网络中传播，感染其他ECU或设备，扩大攻击范围。隐私泄露：通过窃取和分析车辆的数据，攻击者可以获取驾驶员的隐私信息，进行跟踪和监视，侵害个人隐私。

此外，相关的案例也层出不穷，2023年5月，安全研究人员报告了一个漏洞（CVE-2023-29857），被发现于美国某电动车原始设备制造商的第三方应用程序中，该漏洞允许攻击者通过直接访问应用程序链接来获取敏感信息。2023年6月，巴基斯坦一个拥有超过1000万用户的热门叫车服务遭到黑客攻击，导致消费者收到辱骂性信息和通知。据该公司称，一个第三方通信API已经被破坏，攻击者通过向车载系统植入恶意软件，伪造合法认证信息，获取系统控制权。

## 4.3 自动驾驶算法对抗性攻击

自动驾驶是智能网联汽车的一项重要功能，它基于车辆目前的运行状态和所处的外部环境，由自动驾驶算法作出决策，操控汽车独立完成诸如变道、加速、减速、停车等操作。目前，自动驾驶算法的决策主要通过机器学习模型，特别是深度学习模型生成，而专门针对此类模型的对抗性攻击则成为自动驾驶中不可忽视的安全威胁。①

① Deng Y, Zheng X, Zhang T, et al. An analysis of adversarial attacks and defenses on autonomous driving models [C]//2020 IEEE International Conference on Pervasive Computing and Communications (PerCom). Piscataway, N. J.: IEEE, 2020: 1-10.

### 4.3.1　对抗性攻击概述

对抗性攻击是指通过向模型的输入数据添加微小的、人类难以察觉的扰动（这些扰动被称为对抗样本），来诱导模型产生错误的输出或决策。这些对抗样本在表面上看起来与正常数据无异，但对于机器学习模型来说，足以改变其预测结果。

在自动驾驶中，对抗性攻击可能导致自动驾驶算法对车辆运行状态或周围环境产生错误判断，从而作出错误的行驶决策。例如，对交通标志的干扰可能使算法错误理解交通指示信息，令车辆作出超速、违规变道等不按交通规则行驶的行为；对雷达等传感器数据的干扰可能使算法无法准确识别周围的障碍物，令车辆在遇到真实障碍物时未能及时采取避让措施，或因识别到虚假的障碍物影响正常行驶。

### 4.3.2　对抗性攻击分类

从不同的角度出发，可以将对抗性攻击分为不同类型，主要有以下两种。

#### 4.3.2.1　按攻击者的知识分类

根据攻击者对目标模型的了解程度，可以将对抗攻击分为白盒攻击和黑盒攻击。

白盒攻击假设攻击者完全了解模型的细节，如模型结构、参数、训练数据和损失函数等信息。黑盒攻击指攻击者对模型的内部细节一无所知，只能通过与模型交互（如查询模型的输出结果）进行攻击。这种攻击依赖模型的输出结果来逐步推导对抗样本。黑盒攻击还可进一步分为基于迁移的攻击、基于评分的攻击和基于决策的攻击。

基于迁移的攻击会首先使用一个与目标模型尽可能相似的模型作为替代模型，然后以白盒攻击方式对这个模型生成对抗样本。

基于评分的攻击需要向模型查询并获取关于输入的评分或置信度分数。攻击者利用这些分数逐步优化输入，生成对抗样本。这种攻击通常通过多次查询来近似估计模型的梯度，从而找到合适的扰动。

基于决策的攻击只依赖模型对每个输入样本的决策，而不会获取到评分或梯度信息。攻击者通过大量查询并不断修改输入，使其接近模型的决策边界，进而生成对抗样本。

#### 4.3.2.2 按是否有明确的攻击目标分类

根据攻击者是否有明确的攻击目标，可以将对抗性攻击分为目标攻击和非目标攻击。在目标攻击中，攻击者希望模型的输出被误分类为特定的类别（分类任务）或落在指定的区间内（回归任务），从而实现特定的攻击目的。而非目标攻击则只要求模型的输出与原本的真实类别不同或偏离正确的预测数值，从而干扰模型的正常决策。

### 4.3.3 对抗样本生成方法

#### 4.3.3.1 基于梯度的生成方法

基于梯度的生成方法利用模型的梯度信息生成样本，主要有以下三种。

（1）快速梯度符号法（Fast Gradient Sign Method，FGSM）。[①] 该

① Goodfellow I J, Shlens J, Szegedy C. Explaining and harnessing adversarial examples[J]. arXiv preprint arXiv:1412.6572, 2014.

方法计算损失函数对输入样本的梯度，并沿梯度方向添加扰动。具体公式为

$$x_{adv}=x+\partial \cdot sign\left(\nabla_x J(\theta,x,y)\right) \tag{4-1}$$

式中，$x$ 是原始样本，$\partial$ 是扰动幅度，$\nabla_x J(\theta,x,y)$ 是损失函数的梯度。FGSM 的计算较为简单，但生成的对抗样本的扰动效果有限，可能无法有效干扰模型的预测结果。

（2）投影梯度下降（Projected Gradient Descent，PGD）。[①] 该方法在 FGSM 的基础上，通过多次迭代来生成对抗样本，每次迭代后将样本投影回扰动的有效范围内。具体公式为

$$x_{t+1}=Proj_{S(x,\partial)}(x_t+\alpha\cdot sign(\nabla_x J(\theta,x_t,y))) \tag{4-2}$$

式中，$x_t$ 是第 $t$ 次迭代的样本，$\alpha$ 是施加扰动的步长，$Proj_{S(x,\ \partial)}$ 表示投影操作。$S(x,\ \partial)$ 表示一个扰动范围内的有效区域，通常是以原始样本为中心、扰动幅度为半径的区域。PGD 通过多次迭代能够生成更有效的对抗样本，但计算开销更大。

（3）基本迭代法（Basic Iterative Method，BIM）。[②] BIM 与 PGD 类似，但每次迭代的扰动幅度较小，通过多次小步更新来生成对抗样本。BIM 虽能够生成更隐蔽的对抗样本，但会进一步增加计算复杂度。

#### 4.3.3.2 基于优化的生成方法

基于优化的生成方法是使用优化算法通过最小化特定函数的方式寻找对抗样本，主要有以下两种。

---

① Madry A，Makelov A，Schmidt L，et al. Towards deep learning models resistant to adversarial attacks[J]. stat，2017，1050(9).

② Kurakin A，Goodfellow I J，Bengio S. Adversarial examples in the physical world [M]//Artificial intelligence safety and security. Chapman and Hall/CRC，2018：99-112.

（1）Carlini & Wagner（C&W）攻击。[①] C&W 攻击定义了一个最小化求解对抗样本的目标函数，具体公式为

$$\min_{x_{adv}}\left(\| x_{adv}-x\|_{p}+c\cdot\max\left(0,f(x_{adv})-\theta\right)\right) \tag{4-3}$$

式中，$c$ 是平衡两项损失的超参数，$f(x_{adv})$ 是模型的预测输出，$\theta$ 是限制模型预测得分的阈值。公式中的第一项控制扰动样本与原始样本之间的差距，第二项则确保对抗样本能够有效地误导目标模型。通过优化算法最小化这一损失函数，求解满足要求的对抗样本。

（2）DeepFool 算法。[②] 该算法是一种针对分类模型的对抗样本生成算法，其首先对目标模型在当前样本附近进行线性化，具体公式为

$$f(x)\approx f(x_{adv})+\nabla_{x}f(x_{adv})^{\mathrm{T}}(x-x_{adv}) \tag{4-4}$$

其次对扰动进行最小化求解，具体公式为

$$\delta^{*}=\min_{\delta}\frac{\|\delta\|}{\|\nabla_{x}f(x_{adv})\|} \tag{4-5}$$

这个公式的意义是在给定梯度信息的情况下，找到一个扰动 $\delta$，使扰动的大小最小化，同时使模型的预测发生变化。

最后更新对抗样本，具体公式为

$$x_{adv}\leftarrow x_{adv}+\delta^{*} \tag{4-6}$$

---

① Carlini N，Wagner D. Towards evaluating the robustness of neural networks［C］//2017IEEE Symposium on Security and Privacy（SP）. IEEE，2017：39-57.

② Moosavi-Dezfooli S M，Fawzi A，Frossard P. DeepFool：A Simple and Accurate Method to Fool Deep Neural Networks［C］//2016 IEEE Conference on Computer Vision and Pattern Recognition（CVPR）. IEEE，2016：2574-2582.

通过迭代不断更新对抗样本，直到对抗样本能够成功地欺骗目标模型，或者达到预设的迭代次数。

4.3.3.3　基于生成对抗网络的生成方法

生成对抗网络（Generative Adversarial Nets，GANs）① 是受博弈思想启发而设计的网络模型，主要用于生成逼真的图像。GANs 的内部由生成器和判别器两部分组成，生成器的目标是从随机噪声中生成能够欺骗判别器的样本，而判别器则负责尽可能正确地区分样本是真实的还是生成的。在训练过程中，交替训练生成器和判别器构成了一个对抗博弈的过程，最终达到一个平衡状态，即生成器能够生成逼真的样本，使判别器无法有效区分这些样本和真实样本。

GANs 的原理使其可以应用于对抗样本的生成之中，由生成器生成对抗样本、判别器判别样本真伪。例如，Adversarial Generative Adversarial Network（AdvGAN）② 是一种结合了对抗样本生成和生成对抗网络（GANs）思想的攻击方法，其结构如图 4-3 所示。

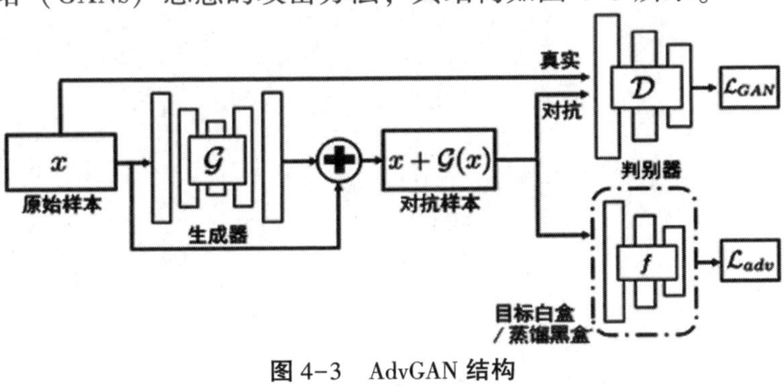


图 4-3　AdvGAN 结构

① Goodfellow I, Pouget-Abadie J, Mirza M, et al. Generative Adversarial Nets[J]. Advances in Neural Information Processing Systems, 2014, 27.

② Xiao C, Li B, Zhu J Y, et al. Generating adversarial examples with adversarial networks[C]//Proceedings of the 27th International Joint Conference on Artificial Intelligence. 2018: 3905-3911.

生成器接收原始样本 $x$ 作为输入，生成对样本的扰动 $G(x)$，并附加回原始样本上得到对抗样本 $x_{adv}$，即 $x_{adv}=x+G(x)$；判别器则用来判断 $x$ 和 $x_{adv}$ 的真伪。同时，AdvGAN 还加入了目标攻击模型 $f$，通过 $f$ 的输出检查生成的对抗样本的效果。通过生成器和判别器的对抗训练，对抗样本能在确保视觉真实性的同时，具备较强的攻击能力。

#### 4.3.3.4 无梯度的生成方法

此类方法不依赖于模型的梯度信息生成对抗样本。例如，基于遗传算法,[①] 通过模拟自然选择过程生成对抗样本，使用选择、交叉和变异操作逐步优化对抗样本。这些方法适用于复杂的对抗样本生成任务，但计算开销较大，收敛速度可能较慢。

---

① 李星隆．基于遗传算法的对抗文本生成方法研究［D］．武汉：硕士学位论文，2019.

# 5 智能网联汽车数据安全防护

本章首先根据前文内容对安全防护需求进行总结；然后依照数据安全能力成熟度模型，对数据整个生命周期的安全进行逐层分析；之后具体介绍有代表性的安全防护技术，包括数据加密、身份认证、入侵检测和个人信息匿名化及限制存储等；最后从轻量化、深度学习和软硬件结合三个方面介绍未来智能网联汽车安全防护的发展趋势。

## 5.1 安全防护需求

目前，车联网技术已成为我国研究的热门领域，并被视为极具潜力的行业之一。根据《国家综合立体交通网规划纲要》，[①] 我国正着力推进车联网基础设施的融合与建设，以增强交通安全保障。智能网联汽车作为车联网系统中的关键组成部分，正在成为推动智慧交通发展的重要力量。然而，在带来诸多便利的同时，智能网联汽车的安全防护需求也日益增加。

---

① 新华社．中共中央　国务院印发《国家综合立体交通网规划纲要》［EB/OL］．(2021-02-24)［2024-05-10］．https://www.gov.cn/zhengce/2021-02/24/content_5588654.htm.

首先，智能网联汽车面临网络安全方面的挑战，潜在的网络攻击风险可能引发车辆失控、交通事故或信息泄露，严重危害司乘人员的安全。因此，车辆需要采取高强度的加密技术、防火墙、安全认证机制等措施，避免车辆系统被非法入侵、数据遭到篡改或泄露。

其次，车载硬件与软件系统的安全也是智能网联汽车面临的重要问题。车辆的硬件设计必须具备防篡改能力，系统内部应具有冗余设计和故障自恢复功能。同时，智能网联汽车的操作系统和软件也需要定期进行安全检测与更新，防止因漏洞或恶意软件入侵而导致的安全风险。

最后，随着智能网联汽车的普及，个人隐私保护问题越发突出。车辆在收集和使用数据时必须依照相关法律法规进行保护，数据的存储和传输应采用加密方式，确保在云端处理与第三方服务交互时，车主的信息不被泄露或滥用。

综上所述，智能网联汽车的安全防护需求涵盖了网络安全、硬件保护、软件更新、数据隐私等多个层面。只有全方位加强安全防护，才能为智能网联汽车的健康发展提供坚实保障。

## 5.2　数据生命周期安全

数据元素作为参与经济活动并产生经济价值的资源，是国家发展的关键资产和数字经济增长的主要驱动力。随着数据资产为企业和组织带来新的增长机会，数据安全事件频发，安全挑战日益增多。在数据驱动的时代，提升数据安全能力成为网络运营者面临的迫切任务，并且是实现数据资源价值最大化的关键步骤。

依据《信息安全技术　数据安全能力成熟度模型》（GB/T

37988—2019)①，从数据安全管理的视角出发，以组织的数据为核心，针对数据的整个生命周期进行安全风险的识别和分析。数据安全成熟度模型（Data Security Maturity Model，DSMM）将数据安全能力分为五个层级：L1 级代表随机和无序的过程，依赖个人经验，不具备可复制性；L2 级为有计划且可跟踪的阶段，适用于大多数企业构建数据安全能力；L3 级要求定义明确的数据安全团队、制度流程和技术工具，其要求的资源投入远超 L2 级，适合数据安全实践较为成熟的组织；L4 级为量化管理阶段，适合数据安全建设领先的企业；L5 级则是基于组织整体目标的持续改进和优化。

DSMM 规定的“数据生命周期”包含六个阶段：数据采集、数据传输、数据存储、数据处理、数据交换和数据销毁。具体的数据生命周期取决于业务需求，可能包括全部六个阶段或是其中的部分阶段。

### 5.2.1 数据采集阶段的安全防护

数据采集主要是组织内部系统中新产生数据，以及从外部系统收集数据的阶段，包括数据分类和分级、数据采集安全管理、数据源鉴别和记录、数据质量管理四个过程域。

#### 5.2.1.1 数据分类和分级

数据分类和分级是遵循法律法规与业务需求而制定的一套系统程序，旨在对机构内部生成或收集的数据进行有效的分类、层次划分和标识。数据分类的目的是集中和归纳数据，提高数据的实用价值，为数据分析工作提供更准确、更高效的数据样本集。而数据分

① GB/T 37988—2019，信息安全技术　数据安全能力成熟度模型［S］. 北京：中国标准出版社，2019.

级则旨在为不同敏感度级别的数据实施恰当的访问控制和保护措施，确保数据安全和完整性，并在最低必要权限的前提下保持数据的可用性，从而减小数据泄露可能导致的损失或合规性风险。在数据分类和分级的技术检验阶段，必须使用技术工具来检验现有数据的分类和分级的准确性，确认这些分类是否符合政策要求，以及是否有数据未得到适当的分类处理。数据分类和分级应基于数据的特性，考虑实际需要，遵守数据科学性、稳定性、实用性和可扩展性的原则。在完成数据分类和分级之后，组织需要有针对性地制定数据保护措施，这包括制定不同级别的访问权限、对关键数据的存储和传输进行加密、对敏感数据进行脱敏处理，以及对关键操作进行审计和分析。

#### 5.2.1.2 数据采集安全管理

在数据采集安全管理方面，组织必须明确数据采集的目的和用途，确保数据的真实性、有效性，并坚持最小必要原则，同时规定数据采集的途径、标准化格式及相关程序和方法，以保证数据采集的合法性、适当性和一致性。数据采集的主要活动包括但不限于识别数据源、数据传输、数据生成、数据缓存、创建数据源、数据转换和数据完整性验证等。大数据采集主要来源于四类系统，即管理信息系统、网络信息系统、物理信息系统和科学实验系统。在进行数据采集时，组织应明确数据采集的目的和用途，确定数据的采集来源、方式和范围，并制定标准化的采集模板和方法。遵守合规原则，确保数据采集的合法性、合理性和必要性。指定专人负责监督数据的审核和采集工作。对于首次采集的数据，结合人工审核和技术方法进行采集，并根据数据的来源、类型或重要性进行分类处理。

数据采集最小必要原则，即仅进行必要的采集工作，避免采集与服务无关的个人信息和关键数据。合理存储采集的数据，并根据数据使用状态及时销毁。对采集的数据进行分类和分级，并对不同类别和级别的数据实施相应的安全管理策略与保护措施，同时对数据采集环境、设施和技术采取必要的安全措施。

#### 5.2.1.3 数据源鉴别和记录

数据源鉴别和记录是数据采集的关键步骤，包括对数据源的身份进行识别和对数据源进行标识与记录，以防止非法数据源的数据被收集，保障数据的准确性，并在必要时追踪数据来源。数据源鉴别的目的是确认数据源的真实性，以避免收集来自非法或未经认证的数据源的信息，从而防止错误或者被篡改的数据进入系统。而数据源记录则涉及对提供数据采集服务的数据源进行标记和记录，确保在必要时可以追溯和定位数据源。为了实现有效的数据源鉴别和记录，必须从多个层面加强系统建设与能力提升。在技术检测的阶段，应当使用先进的工具来验证数据源鉴别过程中采集的数据的准确性，检查其是否存在识别错误、伪造数据等问题，以及是否能够妥善管理元数据和追踪数据血统。相应的工具应具备全面且细致的数据追溯能力，能够处理和记录结构化及非结构化数据，拥有直观的操作流程，便于管理关键的溯源信息。在执行数据追溯任务时，该工具必须确保流程的安全性和结果的可靠性。该工具应具备自动备份关键溯源信息的功能，可以根据自定义策略进行定期自动备份。该工具还需要能够在存储元数据之前，对其进行加密处理，保障数据的安全。

#### 5.2.1.4 数据质量管理

数据质量管理是确保数据价值和数据安全的关键环节，它通过对整个数据采集过程的监管，确保所得数据的一致性、完整性和可用性。数据质量校验是数据质量管理的一个重要组成部分，包括关联性、行列级别一致性，以及内容完整性检查，旨在保持数据的完整和一致。数据质量校验分为人工对比、程序对比和统计分析三个层次，以确保数据转换的准确性。这一过程涉及解析数据源的元数据、配置校验规则，并执行校验运算，以发现和纠正错误。数据清洗是数据质量管理的另一个重要组成部分，包括处理缺失值、重复值、异常值、不一致值和丢失关联值。这些规则采用不同的技术和方法，如填充缺失值、去除重复值、纠正或剔除异常值、统一不一致值和恢复丢失关联值，以确保数据质量和准确性。

### 5.2.2 数据传输阶段的安全防护

数据传输是数据从一个实体传输到另一个实体的阶段，包括数据传输加密和网络可用性管理两个过程域。

#### 5.2.2.1 数据传输加密

数据传输加密是根据组织内外部的数据传输要求，采用适当的加密保护措施，保证传输通道、传输节点和传输数据的安全，防止传输过程中的数据泄露。在数据传输中，主要涉及数据本身、传输的节点以及传输使用的通道这三个核心要素。为了确保传输过程的安全，对这些要素实施安全措施至关重要。具体来说，数据在传输前应被加密，从而避免以明文形式传输时的安全威胁；对于传输节点，应通过身份验证技术来确认其合法性，预防节点伪造；此外，应保证传输通道是经过加密的、可信赖的，并且是安全可靠的。这些安全措施共同作用以保障数据传输的机密性、完整性和可信度。加密技术通常包括对称加密和非对称加密两种主要形式。而哈希算法则是一种特别的数据处理方式，虽然常用于加密场景中，但它与加密技术的可逆性不同，哈希算法是单向不可逆的。目前，广泛使用的哈希算法包括 MD4、MD5 和 SHA1。MD4 是由麻省理工学院的 Ronald L. Rivest 在 1990 年设计的，“MD”代表消息摘要（Message Digest）。这种算法适合在 32 位处理器上进行高速运算，因为它是基于 32 位操作数的位操作设计的。MD5 作为 MD4 的后续版本，具有更复杂的结构。它同样将输入分为 512 位分组，但其输出是四个 32 位字的串联，提供比 MD4 更慢的处理速度，但在安全性上有所提高，特别是在抵抗分析攻击方面。

SHA1 是由美国国家安全局（NSA）设计的，与数字签名算法（DSA）一起使用。它将长度小于 $2^{64}$ 的输入映射为 160 位的散列值，提供更好的抗穷举攻击能力。SHA1 在设计上与 MD4 相似，并且在实现上也参考了 MD4 的设计。由于其不可逆性，哈希算法通常用于密码的传输、存储和验证。与哈希算法不同，加密算法是可逆的，分为对称加密和非对称加密；对称加密使用相同的密钥进行加密和解密；而非对称加密则使用一对密钥，即一个公钥用于加密，一个私钥用于解密。

#### 5.2.2.2 网络可用性管理

网络可用性管理是通过网络基础设施及网络层数据防泄露设备的备份建设，实现网络的高可用性，从而保证数据传输过程的稳定性。在网络规划和设计的初期，负责网络可用性的团队需深入分析业务需求，明确网络的基本架构。这包括对网络中可能影响可用性的关键节点和连接进行详细的冗余规划，以及在网络的不同层次和关键点实施高效的可用性增强技术。在选择网络组件或设备时，除了满足技术性能指标，还需确保它们拥有高标准的可靠性。网络的持续维护和优化是必不可少的，网络可用性团队应运用高效的管理工具来监控、分析、预测并优化网络性能，以尽可能减少网络拥堵。在进行软件或硬件的升级，或是引入新设备和业务时，网络团队必须提前做好周密的规划，并准备相应的应急预案。

网络安全是另一个重点关注领域，网络团队应定期对系统进行安全评估，并建立多级的安全防护和预警系统。此外，网络团队还需与业务系统保持密切协调，通过分析业务需求并作出相应调整，确保网络的畅通无阻。

### 5.2.3 数据存储阶段的安全防护

数据存储是数据以任何数字格式进行存储的阶段，包括存储媒体安全、逻辑存储安全、数据备份和恢复三个过程域。

#### 5.2.3.1 存储媒体安全

存储媒体安全是针对组织内需要对数据存储媒体介质（如磁盘、硬盘、虚拟容器、虚拟机等）进行访问和使用的场景，提供有效的技术和管理手段，防止对媒体的不当使用而可能引发的数据泄露风险。在存储媒体的采购、存放、运输、使用、维护和销毁阶段应当制定相应的规范。

#### 5.2.3.2 逻辑存储安全

逻辑存储安全是基于组织内部的业务特性和数据存储安全要求，建立针对数据逻辑存储、存储容器等的有效安全控制。在数据存储安全领域，除了应对物理介质的损坏等传统安全挑战，还需对存储容器及其架构提出更高的标准。以服务器为主要存储容器，在实施安全措施时不仅要加固服务器硬件，还要强化软件安全配置，定期通过安全基线和配置检测工具进行检查，涉及认证、授权和访问控制等方面。

同时，存储系统的日志审计功能不可或缺，它通过记录和监控操作日志，验证访问者身份和权限，确保数据的合规使用。日志监控系统的实施关键在于日志采集、存储和审计三大环节。采集应尽可能全面，涵盖所有网络设备和系统，而采集技术包括 SNMP、Syslog、Flatfile、ODBC、审计代理和 OPSEC 等多种方式。

日志数据一旦采集，需要通过技术手段，如 Socket、FTP、数据库共享或 Java 消息服务等进行接收。存储中心负责日志数据的持久化存储，并提供查询和备份功能，常用的存储介质包括磁盘、光盘和磁带等。审计中心则负责及时的审计操作，通过管理审计规则库、生成审计报表、查询和时间周期报表等功能，对敏感操作进行预警，并在异常情况下通知系统管理员或相关人员。这些措施共同构成了一个针对数据逻辑存储和存储容器的全面安全的控制系统。

#### 5.2.3.3 数据备份和恢复

数据备份和恢复是通过执行定期的数据备份与恢复，实现对存储数据的冗余管理，保证数据的可用性。备份策略通常分为定期备份和应急备份：定期备份根据预先设定的时间表执行，以确保数据的持续性和完整性；而应急备份则是在特定事件发生时进行的，如在软件更新、硬件更换或遭受病毒攻击时，以防数据损失。

备份的方式包括全备份和增量备份：全备份会复制所有选定的数据，无论这些数据自上次备份以来是否有更改；增量备份则仅复制自上次备份以来新增或更改的数据，这种方式节省了存储空间并缩短了备份时间。

### 5.2.4 数据处理阶段的安全防护

数据处理是在内部对数据进行计算、分析、可视化等操作的阶段，包括数据脱敏、数据分析安全、数据正当使用、数据处理环境安全和数据导入导出安全五个过程域。

#### 5.2.4.1 数据脱敏

数据脱敏是根据相关法律法规、标准的要求以及业务需求，给出敏感数据的脱敏需求和规则，对敏感数据进行脱敏处理，保证数据可用性和安全性的平衡。数据脱敏技术主要分为静态脱敏和动态脱敏两种类型，关键区别在于它们处理数据时是否直接连接原数据源。

（1）静态脱敏技术通过应用一系列算法，如截断、偏移、规整、替换、重写、加密等，对原始数据进行处理，生成一个已脱敏的数据副本。这个副本随后被用于那些不需要实时数据，但需要完整数据集的场景，如开发、测试和分析。静态脱敏技术通常支持多种数据的转换方式，包括文件到文件、文件到数据库、数据库到文件、同一数据库内的数据脱敏以及跨数据库的数据脱敏。

（2）动态脱敏技术则在数据被访问时实时进行脱敏处理，不会改变原始数据。它通过分析业务 SQL 语句，识别需要脱敏的数据，并对 SQL 语句进行改写，以便查询结果返回脱敏后的数据。动态脱敏的一大优势是能够根据用户的角色和权限实现不同级别的脱敏，确保用户仅能访问其被授权查看的数据。此外，它还可以实施行级和列级的安全控制，限制查询结果的行数，从而实现更细粒度的数据访问控制。

#### 5.2.4.2 数据分析安全

数据分析安全是通过在数据分析过程采取适当的安全控制措施，防止在数据挖掘、分析过程中有价值信息和个人隐私泄露的安全风险。为了保护个人隐私，数据处理过程中需要实施有效的隐私保护措施，如语法隐私保护技术和差分隐私保护技术。

（1）语法隐私保护技术通常在统计数据库中实施，目的是通过修改数据集的结构来减小个人信息被重新识别的风险。K-匿名化是一种常见的语法隐私保护技术。它要求在发布的数据集中，任何个人信息至少与其他 K-1 个个体的信息不可区分。换句话说，每个等价类中至少有 K 个记录相同，这样即使攻击者获得了某些背景信息，也无法确定特定记录是对应哪个个体。但 K-匿名化有其局限性，如它不能防御基于背景知识的攻击，如同质攻击和背景知识攻击。

（2）差分隐私保护技术是目前先进的隐私保护技术之一，它提供了一个强大的理论框架来量化隐私泄露的风险。差分隐私保护技术通过在数据查询结果中添加一定量的随机噪声来保护个体的隐私。噪声的加入使攻击者即使拥有除目标数据库之外的全部背景知识，也无法确定数据库中是否包含某个特定个体的信息。差分隐私保护技术定义了一个隐私损失预算，通常表示为 ε，它量化了隐私泄露的概率。其值越小，隐私保护越强，但同时可能会牺牲数据的准确性。

#### 5.2.4.3 数据正当使用

数据正当使用是基于国家相关法律法规对数据分析和利用的要求，建立数据使用过程的责任机制、评估机制，保护国家秘密、商业秘密和个人隐私，防止数据资源被用于不正当目的。数据正当使用的技术工具需要包含三个重要的组成部分：对使用者身份的认证、对使用者身份相应权限的访问控制，以及对数据使用过程的记录。总的来说就是认证、授权和审计，这是确保数据正当使用的三大要素，数据正当使用监管部门需要基于这三大要素构建统一的身份及访问管理平台，主要涉及单点登录技术、访问控制技术和基于统一认证授权的身份识别与访问管理技术。

#### 5.2.4.4 数据处理环境安全

数据处理环境安全是为组织内部的数据处理环境建立安全保护机制，提供统一的数据计算、开发平台，确保数据处理的过程中有完整的安全控制管理和技术支持。为确保数据处理环境的安全性，首要任务是确保所有使用数据处理平台的用户都经过恰当的授权验证。在授权后，用户操作的数据、系统、会话和调度流程必须保持独立，实现有效的逻辑分割。此外，在处理数据时，用户必须详细记录操作日志，并对其进行审计，同时对系统进行实时的风险监控。针对数据处理环境的安全控制需求，数据处理平台应具备权限管理、多租户隔离、日志记录与审计、内部控制机制、综合安全措施等核心功能。

#### 5.2.4.5 数据导入导出安全

数据导入导出安全是通过对数据导入导出过程中数据的安全性进行管理，防止数据导入导出过程中可能对数据自身的可用性和完整性构成的危害，降低可能存在的数据泄露风险。安全的数据导入导出机制应当在两个关键领域内进行构建，即数据导入安全性和数据导出安全性。数据导入安全性的目标是防止恶意数据注入，从而避免数据篡改或损坏；数据导出安全性的目标是确保只有授权数据才能被导出，以防敏感信息泄露，一个全面的数据导入导出安全机制应当兼顾这两个方面。此外，鉴于导入导出作业通常涉及大量数据，安全机制也必须能够对数据执行有效性和完整性的校验。

### 5.2.5 数据交换阶段的安全防护

数据交换是将数据向组织或个人进行交换的阶段，包括数据共享安全、数据发布安全和数据接口安全三个过程域。

#### 5.2.5.1 数据共享安全

数据共享安全是通过业务系统、产品对外部组织提供数据，以及通过合作的方式与合作伙伴交换数据时执行共享数据的安全风险控制，从而降低数据共享场景下的安全风险。在数据交换的关键环节，业务需求常常驱动数据的共享，这一过程充满了安全挑战：若共享措施部署不当，敏感和关键数据的泄露风险将大幅提高。为了确保共享数据的完整性、保密性和可用性，防止数据的丢失、篡改、伪造或泄露，必须在数据共享前后实施一系列安全措施，包括但不限于审批、数据脱敏、加密处理，以及全程的日志记录和审计。

数据共享安全的手段主要包括在线服务浏览、使用在线服务接口和离线服务。在线服务浏览适用于需求较低的应用部门，它们可以通过浏览器访问并使用各种数据资源服务。具备开发能力的应用部门则可以使用在线服务接口进行二次开发，以构建自己的业务应用系统，获取平台的最新数据和其他共享信息。对于无法访问网络或在线服务无法满足其需求的部门，则可以采用离线服务，通过物理介质复制数据来构建业务系统，并定期同步更新数据。为了保障数据共享的安全性，安全管理部门需要建立一套防护体系，并开发一个数据共享安全管理平台，该平台集成了用户认证、权限管理、流程审批和监控审计四个关键子系统。用户认证平台确保数据共享者的身份得到验证；权限管理平台负责建立和审核数据共享目录，保证数据使用不超出授权范围；流程审批平台支持多级审批，以确保数据共享的合规性；监控审计平台则记录和审计所有共享活动，提供风险控制服务，并在安全事件发生后支持迅速的日志分析和事件回溯。这样的集成化安全管理平台是确保数据共享安全的关键。

#### 5.2.5.2 数据发布安全

数据发布安全是在对外部组织进行数据发布的过程中，通过对发布数据的格式、适用范围、发布者与使用者权利和义务执行的必要控制，以实现数据发布过程中数据的安全可控与合规。

数据发布通常是指企业利用各种途径对外公开组织内部数据的一个过程。由于在数据发布的过程中经常会出现敏感信息泄露的问题，所以组织机构需要尽快对数据发布过程进行管理与规范。一套完整的数据发布安全管理工具应该包含三个模块：数据发布平台、数据发布数据库和数据发布事件处理平台。数据发布平台充当着数据发布活动的中枢神经，负责处理、控制以及记录数据发布的全过程，确保数据发布安全的关键环节得到妥善管理。这个平台是确保数据安全传输的核心枢纽。为了支持数据发布平台的运作，特别设有数据发布数据库，这个数据库是专门构建来存储发布数据、用户信息、流程和事件记录等相关信息，为数据发布平台和数据发布事件处理平台提供必要的数据基础。数据发布事件处理平台则专注于处理发布数据后可能出现的各种安全事件，它是数据发布生态系统中的一个重要组成部分，确保对数据发布过程中的任何异常活动或潜在的安全威胁进行追踪、分析和响应。

#### 5.2.5.3 数据接口安全

数据接口安全通过建立组织的对外数据接口的安全管理机制，防范组织数据在接口调用过程中的安全风险。在数据接口安全的监测阶段，关键在于运用技术手段进行全面检查。首先，需要通过技术工具对数据接口的访问者进行身份验证和访问权限控制，确保每次接口调用都是被授权和符合规范的。其次，需要对接口的潜在不安全输入进行限制和清洗，增强接口在异常情况下的数据处理能力；验证数据接口的审计功能，确保能够为大数据安全审计提供灵活配置的服务接口；检查接口调用时生成的日志是否能被准确和有效地记录与保留。最后，需要对数据接口管理平台的稳定性和运行情况进行检测，保证在面对突发事件时，平台能迅速有效地响应和处理。

### 5.2.6 数据销毁阶段的安全防护

数据销毁是对数据及数据存储媒体实施相应的操作手段，使数据被彻底删除且无法通过任何手段恢复的过程，包括数据销毁处理和介质销毁处理两个过程域。

#### 5.2.6.1 数据销毁处理

数据销毁处理是通过建立针对数据的删除、净化机制，实现对数据的有效销毁，防止因对存储媒体中的数据进行恢复而导致的数据泄露风险。

#### 5.2.6.2 介质销毁处理

介质销毁处理是通过建立对存储媒体安全销毁的规程和技术手段，防止因存储媒体丢失、被窃或未授权的访问而导致存储媒体中的数据泄露的安全风险。

## 5.3 数据安全防护技术

### 5.3.1 数据加密

在车辆网络安全领域，加密和身份验证技术是保护通信信道的基石，这些技术也被整合进汽车行业标准，如 AUTOSAR 协议。然而，车辆网络环境的特殊性包括其异构架构、有限的带宽和计算资源等因素，对这些传统安全技术提出了挑战。尤其是 CAN 总线的容量限制，任何加强安全性的措施都必须考虑这一点，以避免过载。

为了克服计算资源的限制，Wang E. 等①提出使用硬件安全模块来减轻资源有限的 ECU 的计算压力，这样可以提供更快的加解密技术，从而减小加密对网络性能的影响。但是，这种方法的缺点是会增加硬件成本。

Siddiqui A. S. 等②针对车载 ECU 的漏洞和攻击模型，提出了一种基于硬件的安全可信的通信技术，这种技术通过 CAN 总线在互相连接的 ECU 之间实现了基于轻量级物理不可克隆函数的相互认证和安全加密。他们构建的安全可信框架能够在不安全的通信信道上实现安全通信，实验结果显示，发送加密数据帧的时间开销极低。

另外，Gu Z. 等③提出了一种基于混合整数线性编程的方法、分而治之的启发式算法和模拟退火算法，这些算法将应用任务图映射到基于 FlexRay 的分布式硬件平台上，旨在满足安全性和时间限制的要求，同时满足最小化系统所需的硬件协处理器数量。然而，这种方法的缺点是网络协议可能变得非常复杂。

总的来说，虽然车辆网络环境中的安全技术正在不断进步，但

---

① Wang E, Xu W, Sastry S, et al. Hardware module-based message authentication in intra-vehicle networks[C]//2017 ACM/IEEE 8th International Conference on Cyber-Physical Systems (ICCPS 2017) Piscataway, N. J.: IEEE Computer Society, 2017: 207-216.

② Siddiqui A S, Gui Y, Plusquellic J, et al. Secure communication over CANBus [C]//2017 IEEE 60th International Midwest Symposium on Circuits and Systems (MWSCAS). Piscataway, N. J.: IEEE, 2017: 1264-1267.

③ Gu Z, Han G, Zeng H, et al. Security-aware mapping and scheduling with hardware co-processors for flexray-based distributed embedded systems[J]. IEEE Transactions on Parallel and Distributed Systems, 2016, 27(10): 3044-3057.

仍然需要权衡安全性、性能和成本，以找到最适合车辆网络安全问题的解决方案。

### 5.3.2 身份认证

身份认证技术是用于在计算机和网络系统中确认用户身份的一系列过程。这类技术在智能网联汽车中具有广泛的应用，能够在多个环节中发挥关键作用。例如，身份认证可以用于识别驾驶员的身份，确保只有授权人员才能操作车辆；确认操作权限，防止未经授权的操作和越权操作；辨别虚假信息，确保系统接收的都是可信的数据；拒绝恶意访问，保护车辆免受潜在的网络攻击。

正因如此，身份认证技术在保护驾驶操作、车内系统和外部通信的安全方面至关重要。通过有效的身份认证，可以防止潜在攻击者侵入车辆系统，确保驾驶员和乘客的安全，并维护车辆与外部设备或网络之间的通信安全。这些措施共同保障了智能网联汽车的整体安全性和可靠性。

目前，智能网联汽车中常用的身份认证方法主要包括以下七种：

（1）密码认证。密码认证包括静态密码认证和动态密码认证。静态密码认证是指用户创建固定个人密码，系统通过匹配输入的密码来验证用户的合法性。尽管部署简单，但单纯的用户名和密码验证已不被视为高安全性的认证方式。动态密码认证是一种基于时间或事件生成动态密码的身份认证方法，每次登录或认证都需要使用唯一的、短时间有效的密码，因此其能提供比静态密码认证更高的安全性。

（2）智能卡认证。利用智能卡的唯一性进行用户身份验证，以防止用户身份被仿冒。

（3）短信验证码认证。系统向用户手机发送随机验证码，用户登录或进行交易时输入该密码，以此来增强验证的安全性。

（4）生物识别认证。通过用户的生物特征进行身份认证，如指纹、虹膜、掌纹、面部特征、声音、视网膜和 DNA 等生理特征，以及签名动作、步态、敲击键盘力度等行为特征。此类认证方式直接绑定到驾驶员或用户的个人信息，防止车辆被他人非法使用。

（5）基于公钥基础设施的认证。公钥基础设施是一种基于加密算法的安全框架，它利用公钥和私钥进行身份验证与数据加密。公钥可以公开，任何人都可以使用它加密信息，但只有持有相应私钥的人才能解密这些信息。由第三方可信的认证中心将用户身份与其所持有的公钥绑定并签发数字证书，使通信双方可以信任对方的身份。

（6）基于区块链的去中心化认证。利用区块链的去中心化特性，存储和验证车辆及用户的身份信息。区块链可以通过分布式账本确保数据的不可篡改性。

（7）多因素认证。结合多个认证因子（如密码、生物识别、短信验证码等）进行身份验证，防止单一身份验证被攻破，以增强认证的安全性。

在实际使用中，应结合具体的使用场景、风险级别、用户需求和系统资源等，制定综合的认证策略，最大限度地保证驾驶员、车辆及配套设施等多方面的安全。

### 5.3.3 入侵检测

与信息加密、访问控制、协议认证等信息安全增强手段相比，入侵检测具有带宽资源小、易于在现有车辆上部署等特点。它更适用于资源和成本有限的车辆网络。入侵检测按数据来源可分为基于主机的 IDS 和基于网络的 IDS。检测方法可分为基于特征观测、信息论和统计分析、机器学习等。

#### 5.3.3.1 基于特征观测的检测方法

特征观测作为车辆网络入侵检测的一种关键技术，在近年的研究中得到了广泛的应用和发展。这种方法涉及对车辆网络架构和通信协议的深入分析，以识别和利用网络特征，如设备指纹、时钟偏移、频率观测和远程帧等，进行对安全威胁的监控和检测。

在这方面的研究中，李飞等①采用时钟偏移作为观测依据，结合CUSUM算法监测ECU通信中的异常关联模式，进而构建了一套能够有效检测微小偏差的入侵检测系统。关亚东②则在分析了车载CAN总线通信的特性后，提出了基于报文周期的自适应入侵检测算法，以及基于特定特征的检测算法，并成功将这些算法结合神经网络应用于实际的攻击检测和防御中。

此外，设备指纹信息系统的建立，特别是基于ECU电气特性的唯一性，已成为车辆网络攻击溯源的一种流行方法。这种方法最早由Cho K. T. 等③提出，并由后续研究者如Song H. M. 等④通过网络

---

① 李飞，廖祖奇，张鹏飞．一种基于时钟偏移的车载网络入侵检测方法及系统：中国，CN201811137466.0［P］．2019-01-22.

② 关亚东．车内CAN总线入侵检测算法研究［D］．哈尔滨：哈尔滨工业大学，2019.

③ Cho K T, Shin K G. Viden: Attacker identification on in-vehicle networks[C]// 2017 ACM SIGSAC Conference on Computer and Communications Security. New York, NY: ACM, 2017: 1109-1123.

④ Song H M, Kim H R, Kim H K. Intrusion detection system based on the analysis of time intervals of CAN messages for in-vehicle network[C]//2016 International Conference On Information Networking (ICOIN). Piscataway, N. J.: IEEE, 2016: 63-68.

信号特征的提取和统计分析进一步实现了入侵检测。Lee H. 等[①]提出了一种新的入侵检测方法，通过分析 CAN 通信中请求和响应报文的时间偏移和间隔，实现了快速且精确的入侵检测。

Yang Y. 等[②]提出了一种基于长短期记忆网络的身份认证方法，该方法通过生成 ECU 模拟指纹信号来训练分类器，有效地检测了如洪水攻击等网络安全威胁。Ning J. 等[③]则提出了一种基于局部离群因子的攻击检测方案，通过分析 CAN 帧的电压物理特性来检验报文的合法性，实验结果显示该算法在特定攻击模型的检测上能达到98%以上的准确率。

总体来看，基于特征观测的检测方法不仅能够针对特定攻击模型实现高精度的检测，在快速响应和减少网络带宽消耗方面也表现出优异的性能，这些研究成果极大地推动了车辆网络安全领域的发展。

#### 5.3.3.2 基于信息论和统计分析的检测方法

近年来，一些研究人员在车辆网络异常检测方面进行了一系列基于信息论的研究。Marchetti M. 等[④]对基于信息熵的异常检测器进

---

① Lee H, Jeong S H, Kim H K. OTIDS: A novel intrusion detection system for in-vehicle network by using remote frame[C]//2017 15th Annual Conference on Privacy, Security and Trust (PST). Piscataway, N. J.: IEEE, 2017: 5706-5709.

② Yang Y, Duan Z, Tehranipoor M. Identify a spoofing attack on an in-vehicle CAN bus based on the deep features of an ECU fingerprint signal[J]. Smart Cities, 2020, 3(1): 17-30.

③ Ning J, Liu J. An experimental study towards attacker identification in automotive networks[C]//2019 IEEE Global Communications Conference (GLOBECOM). Piscataway, N. J.: IEEE, 2019: 1-6.

④ Marchetti M, Stabili D, Guido A, et al. Evaluation of anomaly detection for in-vehicle networks through information-theoretic algorithms[C]//2016 IEEE 2nd International Forum on Research and Technologies for Society and Industry Leveraging a better tomorrow (RTSI). Piscataway, N. J.: IEEE, 2016: 1-6.

行了实验评估，发现单一信息论模型在抵御洪水攻击方面有效，而 Müter M. 等①首次将信息熵的概念引入车辆网络检测，并探讨了其适用性。在此基础上，Wu W. 等②提出了一种经过改进的基于信息熵的检测方法，通过优化滑动窗口策略和决策条件，有效提高了检测精度并降低了误报率。

此后，Yu H. 等③提出了一种基于信息熵的车辆 CAN 总线网络异常检测方法，并通过实验验证了其有效性。闫鑫④提出了一种基于 Renyi 信息熵的检测方法，通过计算 Renyi 信息熵和 Renyi 分歧来建立异常检测模型，有效地提高了针对重放和泛洪攻击的检测精度。Wu L. 等⑤通过收集大量正常和异常报文数据，构建了随机森林模型，并进行了参数调整，以提高模型的检测效率。将 CAN 报文输入相应的随机森林模型，可以完成正常或异常报文的分类，仿真结果显示该模型能够有效地检测总线上的异常数据，从而保证车辆的运行安全。

#### 5.3.3.3 基于机器学习的检测方法

在车联网安全领域，机器学习和神经网络技术的应用越来越受

---

① Müter M, Asaj N. Entropy-based anomaly detection for in-vehicle networks [C]//2011 IEEE Intelligent Vehicles Symposium (IV). Piscataway, N. J.: IEEE, 2011: 1110-1115.

② Wu W, Huang Y, Kurachi R, et al. Sliding window optimized information entropy analysis method for intrusion detection on in-vehicle networks[J]. IEEE Access, 2018, 6: 45233-45245.

③ Yu H, Qin G, Sun M, et al. Cyber security and anomaly detection method for in-vehicle CAN[J]. J. Jilin Univ. (Eng. Technol. Ed.), 2016, 46: 1246-1253.

④ 闫鑫. 基于 Renyi 信息熵的 CAN 总线异常检测方法 [D]. 吉林：吉林大学, 2017.

⑤ Wu L, Qin G, Yu H. Anomaly Detection Method for In-Vehicle CAN Bus Based on Random Forest[J]. Journal of Jilin University (Science Edition), 2018, 56(3).

到关注。Theissler A.① 提出使用带径向基函数核的支持向量机（Support Vector Machine，SVM）来建立车辆网络正常行为的基准，并将偏离这一基准的行为视为异常。这种分类器尤其适用于处理消息时间序列，并通过训练 ECU 的车辆网络数据包来区分正常数据与恶意数据。这项技术能够对车辆网络中的数据交换进行监控，并提供实时、高效的检测响应。此外，有研究采用贝叶斯网络方法来快速识别 CAN 网络上的恶意报文攻击，并使用 Carla 模拟器来模拟真实车辆在各种运行状态下的 CAN 报文。

然而，这种检测方法的精度可能不足以满足功能安全级别的要求。Biggio B. 等②的研究揭示了 SVM 中毒攻击的风险，这种攻击通过集中注入精心设计的数据来增大 SVM 的测试误差。他们还证明了梯度上升程序能够在非凸验证误差面上找到局部最大值，从而显著增大分类器的测试误差。Kolosnjaji B. 等③提出了一种安全学习范式，通过对不同能力的攻击者进行建模，可以对潜在的攻击场景进行分类，这种方法在没有遭受攻击时只会轻微降低检测率，但能有效减小规避攻击的影响。Biggio B. 等④进一步提出了一种基于梯度的方法，系统地评估了几种流行分类算法对逃避攻击的脆弱性。

---

① Theissler A. Anomaly detection in recordings from in-vehicle networks[J]. Big Data and Applications, 2014, 23: 26.

② Biggio B, Nelson B, Laskov P. Poisoning attacks against support vector machines[C]//The 29th International Coference on International Conference on Machine Learning. New York, NY: ACM, 2012: 1467-1474.

③ Kolosnjaji B, Demontis A, Biggio B, et al. Adversarial malware binaries: Evading deep learning for malware detection in executables[C]//2018 26th European Signal Processing Conference (EUSIPCO). Piscataway, N. J.: IEEE, 2018: 533-537.

④ Biggio B, Corona I, Maiorca D, et al. Evasion attacks against machine learning at test time[C]//Machine Learning and Knowledge Discovery in Databases: European Conference, ECML PKDD 2013. Heidelberg: Springer, 2013: 387-402.

Kolosnjaji B. 等①同样研究了基于梯度的攻击技术，提出通过修改恶意软件样本末尾的少量字节，就能绕过深度网络的检测，同时保留其恶意功能。Biggio B. 和 Roli F.② 总结了各种针对机器学习模型训练数据的中毒攻击，这些攻击可能会降低模型的整体性能，操纵特定样本的预测结果，甚至在模型中植入后门。

机器学习虽然在多个领域内被广泛应用，但在计算机视觉和自然语言处理领域中，对抗性攻击利用了机器学习的内在弱点来降低其预测能力。然而，在网络安全领域，这类研究较少，因为网络安全场景本身就经常面临对手的挑战。许多文献在讨论对抗性攻击时，并没有充分考虑所提出的攻击方法的实用性，而是基于假设进行分析的。Apruzzese G. 等③分析了针对机器学习网络入侵检测系统（Machine Learning-based Network Intrusion Detection System，ML-NIDS）的对抗性攻击的实际可行性，并提出了评估目标系统安全性的五个要素。他们通过建立攻击者模型，分析了真实的攻击环境，并补充了对 ML-NIDS 实际运行环境的可行性和限制因素的研究。

Apruzzese G. 等④提出一种原创方法，增强了入侵检测器对对抗性逃避攻击的检测能力，并结合专门设计用于监控应用程序行为的检测层，将集成学习应用于真实网络环境中。由于现代机器学习算

---

① Kolosnjaji B, Demontis A, Biggio B, et al. Adversarial malware binaries: Evading deep learning for malware detection in executables[C]//2018 26th European signal processing conference (EUSIPCO). Piscataway, N. J.: IEEE, 2018: 533-537.

② Biggio B, Roli F. Wild patterns: Ten years after the rise of adversarial machinelearning[J]. Pattern Recognition, 2018, 84: 317-331.

③ Apruzzese G, Andreolini M, Ferretti L, et al. Modeling realistic adversarial attacks against network intrusion detection systems[J]. Digital Threats: Research and Practice (DTRAP), 2022, 3(3): 1-19.

④ Apruzzese G, Andreolini M, Marchetti M, et al. AppCon: Mitigating evasion attacks to ML cyber detectors[J]. Symmetry, 2020, 12(4): 653.

法在设计时并未考虑部署环境的对抗性，它们成了多种攻击的目标。Pawlicki M. 等①评估了四种对抗性攻击下降的可能性，并提出了一种检测方法。Usama M. ② 提出了使用生成对抗网络（GANs）的对抗性机器学习攻击，这种攻击能够规避基于机器学习的入侵检测，同时证明了 GANs 可以用来增强 IDS 的鲁棒性。

在自动驾驶汽车中，实时安全问题尤其重要，黑盒对抗攻击对这类系统尤其有害。Kumar K. N. 等③提出了一种新的基于查询的黑盒攻击方法，被称为改进的简单黑盒攻击，以克服传统攻击方法的局限性。

随着人工智能在车联网中的应用日益增多，对抗性威胁及其影响变得尤为重要。Talpur A. 等④专注于分析基于 Sybil 攻击的对抗性威胁，这种攻击针对的是辅助车联网框架的深度强化学习系统。他们通过实验分析了这种攻击对服务延迟和资源拥塞的影响。Qayyum A. 等⑤则概述了车载网络中应用机器学习时面临的挑战，并从对抗

① Pawlicki M, Choraś M, Kozik R. Defending network intrusion detection systems against adversarial evasion attacks[J]. Future Generation Computer Systems, 2020, 110: 148-154.

② Usama M, Asim M, Latif S, et al. Generative adversarial networks for launching and thwarting adversarial attacks on network intrusion detection systems[C]//2019 15th International Wireless Communications & Mobile Computing Conference (IWCMC). Piscataway, N. J.: IEEE, 2019: 78-83.

③ Kumar K N, Vishnu C, Mitra R, et al. Black-box adversarial attacks in autonomous vehicle technology[C]//2020 IEEE Applied Imagery Pattern Recognition Workshop (AIPR). Piscataway, N. J.: IEEE, 2020: 1-7.

④ Talpur A, Gurusamy M. Adversarial attacks against deep reinforcement learning framework in internet of vehicles[C]//2021 IEEE Globecom Workshops (GC Wkshps). Piscataway, N. J.: IEEE, 2021: 1-6.

⑤ Qayyum A, Usama M, Qadir J, et al. Securing connected & autonomous vehicles: Challenges posed by adversarial machine learning and the way forward[J]. IEEE Communications Surveys & Tutorials, 2020, 22(2): 998-1026.

性机器学习攻击智能网联汽车的角度，提出了一系列抵御对抗性攻击的方案。

车载网络的异构性意味着不同的网络层面对不同的安全漏洞和攻击模型，因此，需要根据不同的观测特征来设计入侵检测系统。相关文献中建立了车载网络的攻击入口、安全漏洞、攻击模型和可利用特征之间的关系。此外，对车联网异常入侵检测系统的研究表明，它具有强大的扩展性、低成本和向下兼容性，适用于资源有限的传统车联网环境。这种技术能有效保障车载网络信息的真实性和可用性，比数据加密和报文认证技术更适合智能网联汽车的车载网络环境。未来，车联网入侵检测仍是智能网联汽车信息安全提升研究的一个重要方向。

### 5.3.4 软件漏洞检测

#### 5.3.4.1 静态分析

静态分析是一种不执行程序代码即可检查其属性的程序分析方法。它有助于识别结构性错误和安全漏洞，以确保软件的质量与安全性。这种分析能够发现测试难以察觉的运行时错误，如资源泄露、非法算术操作、死代码、程序非正常终止及不可访问数据等。此外，静态分析正被用于机器学习，以提取代码特征并检测软件漏洞。

常见的静态分析技术包括词汇分析、控制流分析、数据流分析和污点分析。词汇分析通过扫描源代码生成令牌流，并与易受攻击的结构匹配来识别潜在漏洞。控制流分析通过构建程序的控制流图来揭示程序逻辑，并评估程序的正常终止和死代码。数据流分析则跟踪变量的使用和数据流，有助于识别易受攻击的变量和代码段。污点分析专门检查外部输入是否会对系统产生不利影响。

研究表明，集成到编译器中的 CFI 可以保护大多数 C++程序的间接函数调用。有研究通过改进污点分析来检测 Web 应用程序中的二阶漏洞，如跨站点脚本和 SQL 注入，并成功识别了多个未知漏洞。此外，还有研究提出数据流完整性强制执行技术能以低开销检测 C 和 C++程序的攻击与错误。开源工具 FindBugs 则用于检查 Java 程序中的 bug。

静态分析的优势在于其快速高效，因为它不需要执行代码。人工审查大型软件系统的代码以发现错误是极具挑战性的，而静态分析可以自动化这一过程。不过，它也存在高误报率的问题，有时会标记实际上并不易受攻击的代码为漏洞。为了解决这一问题，当前一些研究正尝试将静态分析与机器学习技术结合使用。

#### 5. 3. 4. 2　动态分析

与静态分析不同，动态分析通过运行程序来检测错误和漏洞。它主要采用模糊测试和动态污点分析两种技术。模糊测试自动向程序发送随机数据，监控其是否崩溃或出错，以此揭示潜在漏洞。动态污点分析则追踪程序执行时的信息流动，有效检测软件漏洞。

模糊测试是一种积极的缺陷查找方法，分为黑盒、白盒和灰盒三种形式。黑盒模糊测试不分析程序内部，直接生成随机输入数据；白盒模糊测试则需要先了解程序信息才能产生特定输入，但效率较低；灰盒模糊测试结合了前两者的优点，无须深入程序分析即可理解程序结构。

动态污点分析以其高检测率和低误报率著称。它跟踪程序值（污点）的流动，来自污点源的值在程序执行中的传播路径可以揭示漏洞。这种分析面临的挑战包括过度污染（错误标记非污点源的值）和污染不足（遗漏污点源）。一个精确的动态污点分析系统应当能够避免这些问题。

5.3.4.3 软件测试

动态分析通过分析程序的运行时信息来发现漏洞，通常不依赖源代码，因而在准确性方面优于静态分析，但它的代码覆盖率较低。目前，结合静态和动态分析的混合分析方法能更有效地发现软件漏洞，保护包括智能网联汽车在内的复杂系统。智能网联汽车系统含有数百万行代码，负责许多安全关键功能，必须符合 ISO 26262 等安全标准，确保系统通过测试并安全可靠。

突变测试是一种评估和改进软件程序的测试方法，通过在原始程序中引入小缺陷来创建突变体，并通过比较测试用例在原始程序和突变体上的输出来检测突变体。

在软件漏洞检测方面，机器学习方法与传统的基于专业知识的方法相比，可以减少烦琐的工作并降低假阴性率。监督学习方法使用标记数据集来创建漏洞预测模型和易受攻击代码模式的识别系统，而特征选择是区分不同方法的关键。研究表明，开发历史指标可以显著提高漏洞预测的召回率和准确率。

软件漏洞预测模型的主要优点是它们基于容易收集和分析的软件指标，而不是特定的代码实现。然而，这些模型通常从整个文件或每次代码更新的角度提取特征，无法精确定位漏洞，且完全依赖于统计关系，可能导致较高的假阴性率。与此相反，漏洞识别系统通常使用更复杂的特征提取过程，应用程序分析技术从源代码或二进制代码中提取特征。

### 5.3.5 恶意软件检测

随着智能网联汽车等高度复杂的设备越来越多地接入互联网，

它们自然也变成了网络攻击的新目标。如果没有适当的安全措施，这些设备的攻击面可能会被恶意软件和特洛伊木马等多种威胁所利用。

在应对这些威胁的研究中，Fan Y. 等[①]开发了一种名为恶意顺序模式挖掘（Malicious Sequential Pattern Mining Detection，MSPMD）的自动化恶意软件检测技术。这项技术通过识别未知的恶意执行文件来提高检测的效率。MSPMD 的核心是在分类之前提取特征序列以识别恶意模式。具体来说，该技术首先使用 C32Asm 反汇编器将可执行文件分解为机器指令，然后通过为每个操作码分配独特的指令 ID 来解析这些指令，同时忽略操作数。为了消除冗余信息，MSPMD 通过比较指令在恶意文件和非恶意文件中的频率来选择特征。接着，研究者们开发了一种改进的广义顺序模式挖掘算法，名为恶意顺序模式提取。最终，MSPMD 采用最近邻算法作为机器学习工具自动识别恶意软件，其检测准确率达到了 95%。

另外，Huda S. 等[②]提出了一种基于支持向量机（SVM）的包装器和过滤器检测方法，通过提取可执行文件中的 API 函数调用并分析其用途，来识别恶意代码，解决了传统基于签名的检测技术无法识别未知恶意软件的问题。这种方法结合了最大相关最小冗余滤波器和 SVM，提取的特征量超过了单独使用包装器或过滤器的方法。实验表明，该方法的检测准确率达到了 96%。

此外，Huda S. 和其团队还研究了如何从未标记的数据中通过半

---

① Fan Y, Ye Y, Chen L. Malicious sequential pattern mining for automatic malware detection[J]. Expert Systems with Applications, 2016, 52: 16-25.

② Huda S, Miah S, Hassan M M, et al. Defending unknown attacks on cyber-physical systems by semi-supervised approach and available unlabeled data[J]. Information Sciences, 2017, 379: 211-228.

监督学习自动提取未知恶意软件的特征。他们的方法结合了监督学习和无监督学习，解决了防病毒引擎需要定期更新以应对恶意软件不断产生新变种的问题。无监督学习通过沙盒环境自动捕获恶意软件的动态变化，并更新数据库。沙盒环境产生的日志记录了执行文件的 API 函数调用。同时，使用了如随机森林、SVM、J48、朴素贝叶斯等多种监督学习引擎对标记数据进行训练，以检测恶意软件。研究者还采用了词频、逆文档频率和余弦相似度作为未标记文件聚类的距离度量。

Mirza Q. 等①设计了一个集成机器学习算法的智能恶意软件检测系统 CloudIntell，旨在预测未知的恶意行为，并通过云计算减少客户端资源使用和降低能耗。在一项案例研究中，研究者利用亚马逊的 EFS、SQS 和 EC2 服务进行大规模的良性与恶意文件存储、请求响应队列处理以及检测引擎运算。CloudIntell 通过自动特征提取工具处理后，使用了 SVM、决策树和增强决策树等多种机器学习分类器来检测恶意软件。在云计算环境中，客户端与服务器之间的持续连接是一大挑战。在 CloudIntell 的性能评估中，增强决策树分类器在 ROC 曲线分析中展现出优异的性能。不同恶意软件检测方法的比较分析表明了它们的主要特性、优点和局限性。

### 5.3.6 个人信息匿名化及限制存储

在数字化时代，保护个人隐私成为一个至关重要的议题。《中华人民共和国个人信息保护法》强调了目的限制原则，这一原则是确保个人信息安全的坚实基础。《信息安全技术　个人信息安全规范》

① Mirza Q, Awan I, Younas M. CloudIntell: An intelligent malware detection system[J]. Future Generation Computer Systems, 2018, 86: 1042-1053.

（以下简称《规范》）（GB/T 35273—2020）指出，个人信息应当在实现处理目的后尽快销毁，这就是“及时销毁”原则，目的是减少因长期存储可能带来的风险。

根据《中华人民共和国个人信息保护法》，匿名化是指通过处理使个人信息无法识别特定个体且不可逆的过程。信息一旦被匿名化，即使结合其他信息也无法识别出个体。

《规范》第 6.1 条首先提出了将匿名化应用于最小化个人信息存储时间的要求，表明个人信息的存储应仅限于实现授权目的所必需的最短时间，超出这段时间后，应删除或匿名化处理信息。此外，《规范》第 6.4 条规定，个人信息控制者在停止运营产品或服务时，不仅应停止收集个人信息，还应删除或匿名化处理已持有的个人信息。

对于个性化服务，《规范》第 7.5 条规定，用户退出或关闭服务时，应向其提供删除或匿名化处理个人信息的选项。而在用户注销账户的情况下，《规范》第 8.5 条要求个人信息控制者删除或匿名化处理用户信息，并在核验身份时明确敏感信息的处理方法，包括完成核验后的删除或匿名化处理。

从这些场景中可以看出，匿名化处理和删除在个人信息管理中常常并用，它们旨在去除不必要的个人信息，以遵循信息处理的最小必要性原则。当个人信息超出了存储期限、用户注销账户或控制者停止运营时，控制者持有的个人信息变得不必要，此时应对其进行删除或匿名化处理。

然而，与删除不同的是，匿名化处理后的信息仍然可以为信息控制者服务。虽然这些信息不再与特定个体关联，但它们可以帮助改进控制者的服务和能力。

因此，如果匿名化处理后的个人信息仍具有价值，信息控制者应当在严格控制匿名化处理方法的前提下，合理合法地利用这些信息。

### 5.3.7 对抗攻击防御

针对对抗攻击的防御可以从主动性防御和反应性防御两个方面进行，主动性防御侧重于在模型训练过程中增强鲁棒性，预防对抗攻击的发生；而反应性防御则是在对抗攻击出现后，通过检测和反应机制进行抵御。

#### 5.3.7.1 主动性防御

主动性防御通过在模型训练和设计过程中引入一些措施，增强模型对对抗样本的抵抗能力，常用的方法有：

（1）对抗训练。通过用对抗样本与正常样本一起训练的模型，使其在遇到对抗样本时也能作出正确的预测。具体做法是不断生成对抗样本，并将这些样本与标准样本一起输入模型进行训练。

（2）防御性蒸馏。[①] 通过知识蒸馏来增强模型的鲁棒性。先训练一个标准的深度神经网络模型作为教师模型，然后使用教师模型生成的软标签来训练学生模型，得到的学生模型具有比原始模型更高的鲁棒性，对对抗攻击的抵抗能力也更强。

（3）随机平滑。[②] 通过向训练样本添加噪声，得到对噪声扰动不敏感的分类器。先向训练样本添加高斯噪声，训练一个基础分类器，使其在有高斯噪声的基础上能够稳定分类，然后定义一个新的

---

① Papernot N, McDaniel P, Wu X, et al. Distillation as a defense to adversarialperturbations against deep neural networks[C]//2016 IEEE symposium on security and privacy (SP). IEEE, 2016: 582-597.

② Cohen J, Rosenfeld E, Kolter Z. Certified adversarial robustness via randomized smoothing[C]//international conference on machine learning. PMLR, 2019: 1310-1320.

分类器并在原始样本上进行训练，使该分类器的预测结果与在含有噪声情况下的基础分类器的预测结果类似，从而增强分类器在面对扰动时的鲁棒性。

5.3.7.2 反应性防御

反应性防御主要通过检测和响应对抗攻击，在攻击发生时作出防御，常用的方法有以下三种：

（1）异常检测。通过监控由对抗性攻击引起的模型预测延迟和额外的资源消耗检测是否发生对抗性攻击。

（2）特征压缩。① 通过减少输入样本的可表示信息放大可能存在的对抗性噪声，从而使其更容易被察觉。主要做法有压缩图像的色彩深度（如将 24 位颜色压缩至 1~8 位）和图像滤波（如使用中值滤波器）等。

（3）对抗样本检测和净化。通过专门设计的检测机制或额外的模型来识别输入样本是否包含对抗扰动，可以基于输入样本的统计特性或模型内部激活的特征分布来判断是否有异常输入。此外，还有一些方法，如李娟②基于自监督设计的对抗扰动净化模型，可以去除对抗样本中的扰动，还原原始样本。

在实践中，主动性防御和反应性防御常常结合使用，通过多层次的防御机制，有效提升模型对抗攻击的抵御能力。

---

① Xu W, Evans D, Qi Y. Feature Squeezing: Detecting Adversarial Examples in Deep Neural Networks [C]//Proceedings 2018 Network and Distributed System Security Symposium. Internet Society, 2018.

② 李娟. 自动驾驶系统图像识别模型鲁棒性研究 [D]. 西安：硕士学位论文，2023.

# 5.4 未来安全防护发展方向

随着智能网联汽车产业的快速发展，其安全防护的重要性日益凸显。未来，安全防护的发展将迈向轻量化、智能化和全面化，以应对不断增长的安全需求和复杂的技术环境。轻量化通过简化计算和资源需求，提高系统效率和实时响应能力；智能化则利用高级数据分析、风险预测和主动防御技术，实现对潜在威胁的识别和自动应对；而全面化将安全防护扩展至整个车联网生态系统，确保从车辆内部到外部交互的全方位安全。这些发展方向将共同提升智能网联汽车的整体安全性和防护能力。

## 5.4.1 轻量化

在传统的安全防护方法中，高安全性往往依赖大量的硬件资源和复杂的软件算法，需要耗费大量的计算和通信资源，这不仅会降低系统的运行效率，还可能对车辆的实时性产生影响。与传统的安全防护技术相比，轻量化的安全防护更注重在不牺牲安全性和防护能力的前提下，减少系统的资源开销、降低复杂度，从而实现更高效、更灵活的安全防护。

轻量化安全防护不仅包括减小传统的硬件保护装置的重量和体积，还包括通过优化安全算法、减少冗余数据处理、提高软件系统的效率等方式来减轻整体防护系统的负担。对于智能网联汽车来说，安全防护的轻量化涉及对计算资源、通信链路、数据存储等多个方面的优化。

智能网联汽车依赖大量的计算来处理实时数据，包括传感器数据分析、路径规划及车辆控制等。对计算资源的优化旨在优化算法设计，减少计算负载。例如，通过采用轻量级的加密算法、基于行为的安全监测模型等方式，减少对软硬件资源的占用，在确保系统安全的同时维持高效的计算能力。

同时，对智能网联汽车与外部环境进行数据交换的通信安全防护至关重要。传统的安全协议和加密通信虽然能够保障数据的机密性和完整性，但会增加通信延迟，消耗大量带宽资源。对通信链路的优化可以通过优化通信协议、减少不必要的数据传输和加密开销，实现对通信资源的有效利用。轻量化防护还可以通过边缘计算技术，在本地车辆处理部分数据，减少对云端服务器的依赖，从而减小网络负载。

此外，智能网联汽车在运行过程中产生的海量数据，包括传感器数据、驾驶行为数据、位置信息等，不仅对硬件资源提出了高要求，对数据存储等软件资源也带来了巨大的能耗压力。通过精简数据存储、去除冗余信息、引入高效的压缩算法等手段，减少对存储资源的占用，同时，降低安全防护系统本身的能耗，也是轻量化防护的目标之一。例如，采用低功耗的安全芯片或专用的加密硬件加速器，能够在降低能耗的同时提升数据处理的安全性和速度。

总的来说，对智能网联汽车的安全防护，应该在安全防护能力与防护成本之间寻找最佳可行的平衡方案，从而在确保车辆安全的同时保证高效的运行性能。

### 5.4.2 智能化

在智能网联汽车的安全防护中，智能化的发展方向正迅速成为提高安全性和应对复杂威胁的关键途径。其中，智能化的威胁检测与响应是智能化防护的一个研究重点。通过集成各种传感器和数据源，智能化安全系统可以对海量数据进行综合分析，识别潜在的安全威胁。例如，利用数据分析和异常检测技术，系统能够发现来自车辆网络或外部通信的异常活动，并及时作出反应。这种实时监测和响应不仅提高了威胁识别的准确率，还能快速采取措施，减少对车辆安全的影响。

另一个重要的研究内容是智能化的风险预测与管理。通过大数据分析和预测算法，智能化安全系统能够预测潜在风险，并制定相应的防护措施。例如，系统可以基于历史数据和实时监控信息，预测特定条件下的风险发生概率，从而进行预防。这种主动的风险管理方法增强了系统对复杂威胁的应对能力。

在上述内容的基础上，可以进一步研究自适应安全防御系统。传统的静态安全措施往往难以应对新型攻击，而智能化系统则利用机器学习和人工智能不断学习新的攻击模式，并主动调整防护策略，从而提供灵活而高效的防护。

总体而言，安全防护的智能化发展能够通过智能威胁检测、风险预测、自适应防御等技术实现安全态势感知与主动防御，从而提升防护的灵活性和效率，在日益复杂的安全威胁环境中为智能网联汽车提供更为可靠的保护。

### 5.4.3 全面化

智能网联汽车背后涉及的体系庞大，一方面，车辆自身的组成结构复杂，涉及的上下游供应链众多，并与多个行业存在紧密联系；另一方面，车辆本身还将作为一个移动终端参与到车联网中，与外界进行数据交互。这其中任何一个环节出现安全问题都可能对整辆车甚至整个交通系统造成威胁，因此，应对智能网联汽车进行全面化的安全防护。

全面化意味着安全防护不局限于某个特定领域或单一环节，而是涵盖了整个生态系统的方方面面。它要求在车辆内部的硬件、软件系统和外部的通信网络、云平台、智能交通系统等多层次、多维度进行无缝整合与协调。

在全面化的安全防护中，首先，需要确保车辆内部系统的全面防护，包括对核心硬件如传感器、电子控制单元、芯片的保护，以及保障操作系统、车载软件平台的安全性。全面化防护不仅要保证单一组件的安全，还要确保它们之间能够正常协同运行，不会出现安全漏洞。其次，全面化的防护还需扩展到车辆与外界的交互。智能网联汽车作为车联网中的重要节点，与外部的交通参与者、其他车辆、路侧设备、云平台等的实时数据交互，带来了更多的安全挑战。因此，车辆和外部系统的通信数据需要经过加密、认证等多重防护机制，确保数据传输的安全性与可靠性。此外，云端服务器、边缘计算平台等也需要具备高度的抗攻击能力，以防止外部入侵或数据篡改。

综上所述，全面化安全防护通过整合车辆内部与外部系统的防护需求，将安全防护从车辆本身延伸到整个车联网生态系统，实现了对智能网联汽车的全方位安全保障。

# 6　总结与展望

智能化、网联化已经成为当前汽车产业发展的方向，作为车联网中的重要组成部分，智能网联汽车将会处理和存储包含个人信息在内的诸多重要数据。如何保证这些数据的安全合规使用，已经成为政府部门、相关企业以及消费者等多方关注的问题。笔者围绕智能网联汽车个人信息保护与数据安全展开了研究，首先对智能网联汽车的发展现状和国内外在车辆信息安全方面的政策依据与相关标准进行了介绍；其次从“云—管—端”三个层面对智能网联汽车的组成架构进行划分，并梳理了个人信息在其中的典型应用场景；再次介绍了重点数据的概念和类别，对数据在整个生命周期中的典型威胁场景进行了分析；又次介绍了当前智能网联汽车面临的攻击种类、典型攻击手段和新型攻击手段；最后对安全防护体系和具体的防护措施进行了研究，并介绍了未来安全防护的发展趋势。

随着汽车产业与信息技术的融合越发深入，车辆也将面临更多的信息安全风险。在未来，可以从以下四个方面进一步完善智能网联汽车的信息安全保护能力。

（1）继续加快相关法律法规和标准建设。随着《中华人民共和国网络安全法》《中华人民共和国数据安全法》《中华人民共和国个人信息保护法》等法律陆续落地实施，我国已逐步在法律层面加强了对个人信息以及数据安全的保护。在此基础上，应根据智能网联汽车行业的特点，继续完善专门针对智能网联汽车信息安全保护的法律法规，为行业发展提供法治保障。同时，加快相关标准的制定，推动相关政策在行业中落实，并根据发展需要以及在实践中出现的问题对现行法律法规和标准文件及时进行修订与更新。积极参与国际法规、标准的制定与协调，吸收借鉴国际经验，推动国家标准向国际标准转化。

（2）继续加强企业安全管理，提高供应链整体安全水平。一方面，车企应主动承担安全管理责任，依法依规开展数据采集和处理工作，为车辆全生命周期的不同环节设置相应的安全监控预警与应急响应机制。另一方面，智能网联汽车涉及的技术面广、供应链庞大，任意环节出现安全风险都将威胁车辆安全。因此，各级供应商均应将产品的安全设计纳入考量并建立健全厂商之间的安全联动机制，整车厂商应充分发挥对上下游供应链的管理作用，打造安全稳定的供应链生态。

（3）继续推进技术攻关，强化安全防护能力。智能网联汽车的零部件众多，在提供丰富的功能的同时也带来了更多的风险点位。因此，要结合信息技术领域的新理念、新方法，大力发展安全防护技术，加快对安全认证、漏洞检测、风险预警、数据加密等关键技术的攻关，促进科技成果落地应用。同步加强对道路设施、云服务平台、移动应用等车联网基础设施的安全防护，提升“车路云一体化”安全防护水平，强化应对网络攻击、数据泄露、违规传输、非法访问等风险的安全防护能力。

（4）继续重视专业人才培养，形成完善的人才培养体系。人才是第一资源，目前，智能网联汽车信息安全产业存在巨大的人才缺口，亟须一批既懂汽车又懂信息安全的复合型人才。为满足这一需求，政府应进一步健全专业人才评价制度，形成有利于人才成长的制度环境；院校应设立交叉学科和专业课程，以产业需求为导向开展教学工作；企业应制订人才培养计划，搭建人才成长平台，提供晋升通道。同时，注重产教融合和校企合作，打造高水平人才培养体系。

# 参考文献

[1] 中国汽车工程学会. 节能与新能源汽车技术路线图 [M]. 北京：机械工业出版社，2016.

[2] ONES C. Software assessments, benchmarks, and best practices [M]. 北京：高等教育出版社，2003.

[3] 张巧，李翠萍. 智能网联汽车信息安全风险及应对举措 [J]. 中国信息安全，2024（02）.

[4] 吴海燕，陈朴，陈亚亮，等. 智能网联汽车数据安全国内外治理机制及政策研究 [J]. 电信快报，2022（09）.

[5] 李克强，戴一凡，李升波，等. 智能网联汽车（ICV）技术的发展现状及趋势 [J]. 汽车安全与节能学报，2017，8（01）.

[6] 岳超，钟佳儒，宁启立，等. 新技术形势下“车能路云”融合发展战略研究 [J]. 中国工程科学，2024，26（01）.

[7] 邬江兴. 智能网联汽车内生安全问题与对策 [J]. 重庆邮电大学学报（自然科学版），2023，35（03）.

[8] 李克强，常雪阳，李家文，等. 智能网联汽车云控系统及其实现 [J]. 汽车工程，2020，42（12）.

[9] Kempton W, Tomić J. Vehicle-to-grid power fundamentals: Calcu-lating capacity and net revenue [J]. Journal of Power Sources, 2005, 144(1).

[10] 肖瑶，刘会衡，程晓红．车联网关键技术及其发展趋势与挑战［J］．通信技术，2021，54（01）．

[11] 李川鹏，郭宇辰．浅析自动驾驶技术发展现状、趋势及挑战［J］．时代汽车，2022（14）．

[12] 刘茜．关于汽车安全综合评价模型的研究［J］．自动化与仪器仪表，2017（08）．

[13] 周莉．学术期刊用户画像个人信息保护：风险与规制——以《个人信息保护法》为视角［J］．武汉科技大学学报（社会科学版），2023，25（01）．

[14] 钟永超，杨波，杨浩男，等．智能网联汽车安全综述［J］．信息安全研究，2021，7（06）．

[15] 周建华，侯英哲，吕臣臣，等．智能网联汽车安全防护技术研究综述［J］．武汉大学学报（理学版），2023，69（05）．

[16] 张格，刘冬，马雨萌．车联网数据安全风险分析与应对［J］．中国信息安全，2021，（07）．

[17] 刘栋晨，季昱，胡岳．交能融合 V2G 技术研究与实践综述［J］．上海交通大学学报，2023．

[18] 关亚东．车内 CAN 总线入侵检测算法研究［D］．哈尔滨：哈尔滨工业大学，2019．

[19] 李娟．自动驾驶系统图像识别模型鲁棒性研究［D］．西安：硕士学位论文，2023．

[20] 李呈隆．基于遗传算法的对抗文本生成方法研究［D］．武汉：硕士学位论文，2019．

[21] 闫鑫．基于 Renyi 信息熵的 CAN 总线异常检测方法［D］．吉林：吉林大学，2017．

[22] 陶凤．车内的安全，车外的隐私［N］．北京商报，2021-

04-09（002）.

［23］李飞，廖祖奇，张鹏飞. 一种基于时钟偏移的车载网络入侵检测方法及系统：中国，CN201811137466.0[P].2019-01-22.

［24］黄文玉. 智能网联汽车深度调研 预计到2025年全球智能网联汽车销量达到7850万辆[EB/OL].（2023-09-21）［2024-05-11］. https://www.chinairn.com/news/20230921/145905289.shtml.

［25］Kurakin A, Goodfellow I J, Bengio S. Adversarial examples in the physical world[M]//Artificial intelligence safety and security. Chapman and Hall/CRC, 2018.

［26］Zhou Lu, Du Suguo, Zhu Haojin, et al. Location privacy in usage-based automotive insurance: Attacks and countermeasures[J]. IEEE Transactions on Information Forensics and Security, 2018, 14(1).

［27］Goodfellow I, Pouget-Abadie J, Mirza M, et al. Generative Adversarial Nets[J]. Advances in Neural Information Processing Systems, 2014, 27.

［28］Gu Z, Han G, Zeng H, et al. Security-aware mapping and scheduling with hardware co-processors for flexray-based distributed embedded systems[J]. IEEE Transactions on Parallel and Distributed Systems, 2016, 27(10).

［29］Yang Y, Duan Z, Tehranipoor M. Identify a spoofing attack on an in-vehicle CAN bus based on the deep features of an ECU fingerprint signal[J]. Smart Cities, 2020, 3(1).

［30］Biggio B, Roli F. Wild patterns: Ten years after the rise of adversarial machinelearning[J]. Pattern Recognition, 2018, 84.

［31］Apruzzese G, Andreolini M, Ferretti L, et al. Modeling realistic adversarial attacks against network intrusion detection systems[J]. Digital Threats: Research and Practice (DTRAP), 2022, 3(3).

[32] Apruzzese G, Andreolini M, Marchetti M, et al. AppCon: Mitigating evasion attacks to ML cyber detectors[J]. Symmetry, 2020, 12(4).

[33] Pawlicki M, Choraś M, Kozik R. Defending network intrusion detection systems against adversarial evasion attacks[J]. Future Generation Computer Systems, 2020, 110.

[34] Upstream Security. 2024 Global Automotive Cybersecurity Report[R/OL]. [2024-05-11]. https://upstream.auto/reports/global-automotive-cybersecurity-report.

[35] UNECE. (GRVA) Proposals for interpretation documents for UN regulation No. 155 (Cyber security and cyber security management system)[R]. Geneva: UNECE, 2021.

[36] UNECE. (GRVA) Proposals for interpretation documents for UN regulation No. 156 on software update and software update management system[R]. Geneva: UNECE, 2021.

[37] Cho K T, Shin K G. Viden: Attacker identification on in-vehicle networks[C]//2017 ACM SIGSAC Conference on Computer and Communications Security. New York, NY: ACM, 2017.

[38] Song H M, Kim H R, Kim H K. Intrusion detection system based on the analysis of time intervals of CAN messages for in-vehicle network [C]//2016 International Conference On Information Networking (ICOIN). Piscataway, N. J.: IEEE, 2016.

[39] Lee H, Jeong S H, Kim H K. OTIDS: A novel intrusion detection system for in-vehicle network by using remote frame[C]//2017 15th Annual Conference on Privacy, Security and Trust (PST). Piscataway, N. J.: IEEE, 2017.

[40] Ning J, Liu J. An experimental study towards attacker identification in automotive networks[C]//2019 IEEE Global Communications Conference (GLOBECOM). Piscataway, N. J.: IEEE, 2019.

[41] Marchetti M, Stabili D, Guido A, et al. Evaluation of anomaly detection for in-vehicle networks through information-theoretic algorithms [C]//2016 IEEE 2nd International Forum on Research and Technologies for Society and Industry Leveraging a better tomorrow (RTSI). Piscataway, N. J.: IEEE, 2016.

[42] Müter M, Asaj N. Entropy-based anomaly detection for in-vehicle networks[C]//2011 IEEE Intelligent Vehicles Symposium (IV). Piscataway, N. J.: IEEE, 2011.

[43] Yu H, Qin G, Sun M, et al. Cyber security and anomaly detection method for in-vehicle CAN[J]. J. Jilin Univ. (Eng. Technol. Ed.), 2016, 46.

[44] Wu L, Qin G, Yu H. Anomaly Detection Method for In-Vehicle CAN Bus Based on Random Forest[J]. Journal of Jilin University (Science Edition), 2018, 56(3).

[45] Theissler A. Anomaly detection in recordings from in-vehicle networks[J]. Big Data and Applications, 2014.

[46] Biggio B, Nelson B, Laskov P. Poisoning attacks against support vector machines[C]//The 29th International Coference on International Conference on Machine Learning. New York, NY: ACM, 2012.

[47] Kolosnjaji B, Demontis A, Biggio B, et al. Adversarial malware binaries: Evading deep learning for malware detection in executables [C]//2018 26th European Signal Processing Conference (EUSIPCO). Piscataway, N. J.: IEEE, 2018.

[48] Biggio B, Corona I, Maiorca D, et al. Evasion attacks against machine learning at test time[C]//Machine Learning and Knowledge Discovery in Databases: European Conference, ECML PKDD 2013. Heidelberg: Springer, 2013.

[49] Usama M, Asim M, Latif S, et al. Generative adversarial networks for launching and thwarting adversarial attacks on network intrusion detection systems[C]//2019 15th International Wireless Communications & Mobile Computing Conference (IWCMC). Piscataway, N. J.: IEEE, 2019.